臺灣歷史與文化 研究輯刊

十三編

第 13 冊

歌仔戲坤生性別與表演文化之研究（下）

洪瓊芳 著

花木蘭文化事業有限公司

國家圖書館出版品預行編目資料

歌仔戲坤生性別與表演文化之研究（下）／洪瓊芳 著 — 初版
— 新北市：花木蘭文化事業有限公司，2018〔民 107〕
目 4+176 面；19×26 公分
（臺灣歷史與文化研究輯刊 十三編；第 13 冊）
ISBN 978-986-485-305-2（精裝）
1. 歌仔戲 2. 演員 3. 性別研究 4. 臺灣
733.08   107001597

ISBN-978-986-485-305-2

9 789864 853052

臺灣歷史與文化研究輯刊
十三編　第十三冊
ISBN：978-986-485-305-2

歌仔戲坤生性別與表演文化之研究（下）

作　　者　洪瓊芳
總 編 輯　杜潔祥
副總編輯　楊嘉樂
編　　輯　許郁翎、王筑　美術編輯　陳逸婷
出　　版　花木蘭文化事業有限公司
發 行 人　高小娟
聯絡地址　235 新北市中和區中安街七二號十三樓
　　　　　電話：02-2923-1455／傳眞：02-2923-1452
網　　址　http://www.huamulan.tw 信箱 hml810518@gmail.com
印　　刷　普羅文化出版廣告事業
初　　版　2018 年 3 月
全書字數　270141 字
定　　價　十三編 24 冊（精裝）台幣 60,000 元

歌仔戲坤生性別與表演文化之研究（下）

洪瓊芳 著

**目
次**

下　冊

第四章　性別與表演

　　上一個章節曾羅列並探討十一個性／別易動的案例，得知導致這十一個案例出現性／別越界現象的原因十分複雜，是先天因素與後天多種因素交織的結果。本章節將焦點聚集在「性別與表演」的關係上，探討性別與表演兩者如何相互影響，並對古籍略做耙梳整理，臚列歷史上對於「表演」魅惑能力的描述，進而探討坤生的表演美學。

第一節　兩種層面的表演

　　何謂表演？除了舞台上藝人在觀眾面前所進行的演出活動外，愛德華・特賴（Edward Wright）認為我們每個人都是演員，都具有表演本能：

> 人類各種行為當中，最迷人者即是表演。如果不侷限於單一意義，則每個人或多或少都是個演員。每當我們竭力去影響別人的思想或行為的那一刻，我們就是在表演。而促使我們達到這個目標的，便是身為一個成功演員所運用的手段──一如舞台演員的成功，即在於他對觀眾情緒及思想的影響力。就這一個層面而言，最成功的父母、老師、牧師、醫生、律師或推銷員等，就是最成功的演員了。
> 〔註1〕

日常生活中每個人經常在進行「表演」工作，例如演講、教學、與他人的互動等等，可能有的有「腳本」，有的只是「即興表演」，但廣義來說，這些都

〔註1〕 愛德華・特賴（Edward Wright）著、石光生譯：《現代劇場藝術》（台北市：書林出版有限公司），1986 年 1 月，頁 237～238。

是「表演」，就連同「身份」都可算是表演的一種。因此，所謂的表演，至少包含兩種層面，一是日常生活的角色扮演，如媽媽、爸爸、女兒、兒子、老師、學生、售貨員、保險員、醫生等等。這些日常的身份、職業，其角色強烈受到社會規範影響，例如對於母親角色，社會規範有嚴格的要求，家務、照顧孩子是母親的責任，一旦有所鬆懈，她就不配當個母親，是個失敗的母親，失敗的演員。二是舞台角色飾演，多數扮演的不是自己真實人生的角色，是虛擬人生的角色人物，但在虛實之間，有時會產生交錯、位移，就如同《紅樓夢》裡所說的：「假作真時真亦假，無爲有處有還無。」〔註2〕一來舞台上虛擬的角色、人生是假，但有時它比真實人生來得真實，二來演員透過表演，表演久了，某些技藝、特質也會內化爲演員所有，在現實人生中展現出來，因此虛實會交錯，假戲會真做，在「坤生」、「乾旦」的行當上尤爲明顯。

　　因此在本章第一節，便先探討關於「性別」與這兩種層面的表演。

一、性別即表演

　　在某次聽演講的場合〔註3〕，筆者詢問周慧玲性別與表演的關係，她說：「性別就是一種表演。」每個人從出生就被給定劇本，妳是女孩，爲妳買粉色的衣帽，送妳芭比娃娃，教妳學會何謂溫柔婉約……當然有的人會照著父母、社會、老師所給定的劇本來走，有的人會扔掉「人生劇本」，自己寫腳本、自己當導演。

　　在上一章討論性／別問題時，建構主義論者認爲，性別是建構出來的，不是天生自然而然的，是透過學習、習慣而來。在某種程度上，確實如建構論者所言，例如爲什麼原本無性別的「顏色」會有性別意義？藍色屬於男孩，粉紅屬於女孩；爲什麼男女皆具有的頭髮，依其「長短」可作性別區隔？女孩該長髮，男孩宜短髮……那都是人們加諸賦予的「外在」標準，不過，當顏色、頭髮長短、裙褲、職業等被長期與性別作連結，這些原本無性別意涵的事物，似乎會因人們的再詮釋而擁有力量，成爲性別圖示（schema），人們不會去質疑這些性別圖式的荒誕性，反而會懷疑丟掉這些性別圖式的「怪胎」，認爲他們是叛逆的、不對的。

〔註2〕　曹雪芹、高鶚著、馮其庸等校注：《紅樓夢校注》（台北市：里仁書局），1984年4月，頁84。

〔註3〕　演講者：周慧玲教授（中央大學英文系）；講題：〈唱唸作打，演不演？——從兩個經典改編，探問現代劇場的文化身世〉。時間：2009年10月19（週一）14：00～16：30。地點：中央大學文學院C2-438研討室

　　傳統女性主義者為提倡女男平等，開始大力抨擊傳統的性別觀、父權觀，希望能解構充滿男性霸權的性別觀念，但是巴特勒認為正是傳統女性主義所標記的性／別區分，維持了男女二元論。艾莉斯・馬利雍・楊（Iris Marion Young）的《像女孩那樣丟球：論女性身體經驗》說：

> 巴特勒論道，正是女性主義所標記的性／別區分，維持了男性女性間的二元論，將兩者視為固定的互補範疇，重製了異性戀常規性（heterosexual normativity）的邏輯。因此，性／別區分應該被檢驗質疑，以挑戰任何基於自然與文化區分而來的信念，或任何認為主體擁有與固定性別認同對應內在生活的概念。性別不過是一種社會操演（social performative）。常規異性戀的言說規則（discursive rules），衍生了性別化的操演方式，讓主體重複搬演參照；身體的性化（sexing），也衍生自這種操演。〔註4〕

巴特勒認為傳統女性主義者企圖將「性與性別的區分把其一分為二。這個性與性別的區分原意在於爭議生理即命定的說法，用來支持性別是文化建構的論點……當性別其實為建構的情況，經由理論詮釋昭示了性別完全獨立於性之外，性別本身成為一自由浮動的人造體，結果是男人與陽性的可能輕易地表意一女體為男性，而女人或陰性的亦能輕易表意男體為女性。」〔註5〕因此巴特勒不認同傳統女性主義所做的性／別區分方法，因為只是將生理性別與社會性別作區分，「此項劃分將性別預設為性慾取向（sexuality）之社會建構，因而易於『自然化』性慾取向，將其視為先驗的存在，否定了性慾取向本身的幻象建構與潛意識慾望。因此她反對將性慾取向化約為性別。」〔註6〕她認為性別是一種社會操演：

> 如同其他儀式性的社會戲劇一般，性別的行動（action）需要重複地踐履。這個重複為一套已經在社會上成立的意義之重新建立以及重新體驗，也是它們世俗和儀式化的合法形式……踐履受到了把性別維持在二元框架內的策略目標所影響——這個目標不能被歸類為主體、而必須被理解為奠立和鞏固主體。性別不應該被解釋為穩定的

〔註4〕　艾莉斯・馬利雍・楊（Iris Marion Young）著、何定照譯：《像女孩那樣丟球：論女性身體經驗》（台北市：商周出版）2007年1月，頁21。

〔註5〕　巴特勒（Judith Butler）著、林郁庭譯：《性／別惑亂：女性主義與身份顛覆》（苗栗縣：桂冠圖書股份有限公司），2008年12月，頁9、10。

〔註6〕　張小虹：《慾望新地圖》（台北市：聯合文學出版社有限公司），1996年10月，頁178。

身份或各種行為隨之而生的能動性所在，它是及時、薄弱地構成身份，經由行動的風格化重複（stylized repetition of acts）而建立於外在空間中。〔註7〕

性別透過重複性的踐履而奠立、鞏固主體，但性別並非穩定的身份，它只是經由不斷重複操演而「及時、薄弱地構成身份」，「性別是種『演出』，同為有意和踐履性的，於此『踐履性』代表戲劇性和隨機的意義建構。」〔註8〕

巴特勒提出「性別是種演出」，是一種「戲劇性和隨機的意義建構」，我們以為同性戀是在複製異性戀，異性戀是「正本」，同性戀為模仿的副本，殊不知根本沒有正本的存在，「『男人－陽剛－愛女人』、『女人－陰柔－愛男人』的三合一規範根本不是『原版』，因為那是在社會壓力下以不斷重複的性別表演構築出來的，並非天生自然，當然也稱不上『原版』。」〔註9〕張小虹在《慾望新地圖》中解說巴特勒的理論：

異性戀認同的本身，便是一種強制性與強迫性（compulsive and compulsory）的重複，在模仿而不能變成、逼近而無法企及，在不斷失敗、不斷重複中，產生了異性戀本身「原初性」的「效果」，而意欲拆穿此「原初性」假象之方法，必須透過「倒置的模仿」（inverted imitation）達成……「倒置的模仿」是要倒置正本/副本、被模仿者/模仿者的位次，進而指出正本與副本、被模仿者與模仿者的相互依賴與相互建構。而巴特勒「倒置的模仿」之最佳舉隅，便是男同志扮裝皇后與女同志 T/婆，她/他們透過對異性戀性慾的「模仿式嘲諷」，暴露出她/他們所模仿的異性戀本身也是一種模仿、一種副本，一種透過不斷重複所達成的「自然化的性別滑稽模仿戲」……同志扮裝做為「模仿之模仿」、「副本之副本」而言，其顛覆效應正在於「同志扮裝在模仿性別時，暗暗透露性別本身的可模仿結構──和其偶發變動性」。〔註10〕

〔註7〕 巴特勒（Judith Butler）著、林郁庭譯：《性／別惑亂：女性主義與身份顛覆》（苗栗縣：桂冠圖書股份有限公司），2008 年 12 月，頁 217。

〔註8〕 巴特勒（Judith Butler）著、林郁庭譯：《性／別惑亂：女性主義與身份顛覆》（苗栗縣：桂冠圖書股份有限公司），2008 年 12 月，頁 216。

〔註9〕 張娟芬：《愛的自由式──女同志故事書》（台北市：時報文化出版企業有限公司），2005 年 3 月，頁 13。

〔註10〕 張小虹：《慾望新地圖》（台北市：聯合文學出版社有限公司），1996 年 10 月，頁 179。

性別本身的可模仿結構，和其由重複性踐履所造成的結果，宣告的是性別雖是一種操演，但不是像舞台演出那般具有隨易性，可不斷進行角色轉換。巴特勒認為：

> 說我「扮演」一個人，並不是說我並不「眞是」那個人，而是說我扮演一個人的方式與地點，正是這個「存在」之得以建立、體制化、流通與確認。這並不是一個表演，我能夠以基本的距離置身其外，而是一種根深柢固的行動，一個深植心靈的行動，而這個「我」並非把女同志當成角色來扮演。相反地，是經由這種性慾取向的重複行動，「我」才徹底地被再建構爲一個女同志的「我」。弔詭的是，那行動的重複正也是造成它所建構範疇的不穩定性。因爲如果「我」是一個重複的場域，也就是說，如果「我」透過一定自我的重複只能達成認同的外貌，那我總是被支撐我的重複所置換。〔註11〕

簡單地說，眞實人生畢竟不是戲劇演出，可以任意地扮男扮女扮不同角色，像 E 小生不斷地透過不愛穿裙子、中性打扮、與女人交往而形塑出她自己，這「不愛穿裙子」、「與女人交往」不是任意選擇的結果，而是根殖於她心靈的一種感受，透過不穿裙子的中性打扮、選擇與女人交往的行動，E 小生建構出她自己。我們可以說她是一個「T」，老一輩的藝人會說她是「穿褲仔」。「T」、「穿褲仔」是一種性別、一種身份，而這種性別、這種身份是透過 E 小生源於心靈的某種力量再外化爲行動而得以成立的。

再者，如 J 小生，檢視她近四十年來的「性別建構」，她由總是穿球鞋、剪短髮的小男孩，慢慢改爲留長髮、穿裙子，這之中每個階段她經由不斷重複某種造型、心靈狀態，進而確認出她小時候的男孩傾向，稍長時刻意向「女性」靠攏，展現女性外在特質，以及與女人交往後因潛在個性與感情風波而呈現的婆、T 交錯心態，我們是由她不斷重複某些行動及告知的心理活動，而得知每個階段「性別」的變動。J 小生的性別建構不是「隨意」的，可以任意選擇的，如她少女時期懼怕「同性污名」的大帽子，加上她對老 T 沒感覺，所以她拒絕一位老 T 的追求，但當她跟 Plum 越走越近時，她雖然依舊懼怕同性戀污名，可是她順著兩人情感的「自然」發展，而走上她曾排斥且依舊害怕的同性之路。又如她被 E 小生所吸引，但 E 小生身邊已有伴侶，且對方是

〔註11〕　轉引自張小虹：《慾望新地圖》（台北市：聯合文學出版社有限公司），1996年 10 月，頁 181～182。

她的姊姊，那時 J 小生為了抗拒那股吸引力、不想背負第三者罪名、不願傷害姊姊等因素，曾讓她想選擇跟異性結婚，但是卻發現她無法讓男性對她有親密的肢體接觸，從此處可得知，她能做的「性別選擇」其實是有限的，甚至可能是無從選擇的。

若要說真能有所選擇，那就是 J 小生選擇當「婆」的角色，至少在外在形貌上是如此。她透過幫對方打扮而塑造出她希望對方的樣子，而這種「選擇」要達成目的──她是婆，Plum 是 T，也是得透過不斷重複的行動而達到認同的外貌。當然這樣依靠重複性踐履才得以完成的性別認同，也會被另一個階段的重複性踐履所推翻，至於會不會有另一個階段的重複性踐履？沒有人會知道。機緣、個性、潛意識的性別種類等等會多方影響結果。

再看 J 小生幾位姊妹的狀況，五位姊妹都屬於雙性戀，而能自由在異女、T、婆之間做轉換，恐怕也是經過不斷學習、踐履的結果，而且並不是所有性／別都能學習，像金女、木女、水女到目前為止只能遊走在異女、婆之間，不會跨到 T 的範疇，尤其是木女，她的行當為小生，在舞台上都是飾演異性，理論上她應該很容易跨越至 T 的範疇，不過截至目前為止，數十年的男性扮演沒有讓她成為 T。這說明了什麼？真實社會裡的性別認同雖是一種不斷重複操演的結果，但並不能如戲劇舞台那般自由轉換性別角色，它的自由度仍有侷限性。

又如 B 小旦，筆者曾問她會不會受到戲班環境與角色行當的影響，因而走上婆之路？

> 我是覺得還好啦，有沒有影響是跟自己的心態有關，因為我認為說
> 就算我今天沒有演歌仔戲，我應該也是會走上這條路。〔註12〕

父親打罵母親的形象、男性無法讓她內心產生情感波瀾，認定「十個男生有九個是壞的，而且自己不會遇上那個好的」等因素，讓她確認自己是喜歡跟女生交往的，B 小旦很明確知道自己是婆，而且不會改變。有一陣子她由小旦改換行當演小生，劇團希望她剪短頭髮，她卻打從心底抗拒，堅持不剪，因為她對自己的婆認同很深，她可以在戲臺上演娃娃生、反串小生都無所謂，可是私底下她不會混亂她的性別認同，而也就是透過這樣的「堅持」，B 小旦型塑出自己的婆角色。

〔註12〕受訪者：B 小旦。2009 年 10 月 29 日凌晨 00：05～01：00。地點：B 小旦臥室。

在 Q 小生身上，同樣印證巴特勒的性別操演理論。Q 小生從小就崇拜母親 M，所以她很愛模仿母親做中性打扮，不過自從母親 M 跟「父親」F 交往後，Q 小生更加崇拜「父親」，更喜歡黏者「父親」，總是跟她同進同出。F 喜歡將 Q 小生打扮成小公主或是辣妹模樣，Q 小生雖然很不願意，但為了博得「父親」歡欣，她會勉強自己接受女孩裝扮，因此 Q 小生小時候透過「小公主」、「辣妹」的穿著打扮，成功地隱藏她心裡的 T 認同，至少筆者被「騙」過了，因為每次看到 Q 小生女孩模樣的打扮，便不會去質疑她的性別認同。她透過服飾的外在重複操演，塑造出一般女孩的模樣。等到她被 B 小旦深深吸引了，她選擇聽從 B 小旦的話，依照自己內心期盼型塑自己，剪短頭髮、穿上中性衣服、拒絕演旦行等等，又是一段重複踐履的歷程，打造出一個「T」形象。

總之，在現實生活裡，性別是一種表演，但是這種表演與舞台的表演不同，雖能有所選擇，因為只要透過不斷重複踐履就能型塑出「性別」，但是並沒有較多的選擇權，不像戲曲演員可以輕易地藉由穿脫戲服而改變性別。至於會不斷重複踐履某種性／別，其實是深植於心靈的行動，有那樣的心靈動力、情慾渴望才能催促外在形體有相應的行動，而內外綜合的性慾取向重複踐履才會建構出一個人的性別。

二、舞台扮裝表演

在現實人生裡，一個人的生理性別自精卵結合的那刻起便被指定為男或女，但在成長的過程中，有些人不會順著「男──陽剛──愛慕女性」或是「女──陰柔──愛慕男性」的規範來走，生理性別、心理性別、社會性別、性慾取向這幾者之間，不會只有單一固定的組合結果。不過，雖是如此，性／別的造就還是有其限制，不同於舞台的扮裝表演，可以根據劇本需要，透過裝扮、表演，型塑出各種角色，可以在一台戲裡、一個夜晚中，忽男忽女不停轉變，舞台角色的性別不一定需要被重複性踐履才得以完成，不過能成功塑造異於自身性別的舞台角色，肯定也是需要時間去重複扮飾某個性別才得以完美呈現。

那舞台表演與性別的關係為何？不同於現實人生的性別操演，舞台演出「演員」、「表演內容」、「觀眾」缺一不可，而「觀眾」不一定是指活生生的真人，神靈亦可，如歌仔戲的扮仙戲主要便是演給神靈觀看的。

基於此，為探討舞台表演與性別的關係，這個小節便將「演員」、「表演內容」、「觀眾」劃分成兩部分來進行討論，一是演員透過扮裝、表演所展現的舞台形象，二是觀眾的參與，透過想像所完成的性別展演。

（一）透過扮裝、表演所展現的舞台形象

戲曲演員不同於戲劇演員，演員在扮飾劇中角色人物之前，還需經過行當的訓練，且不同劇種的行當劃分也稍有差異，基本上歌仔戲是個年輕的劇種，行當劃分仍是依循傳統生旦淨丑的分法，只不過又習慣於一般的俗稱，俗稱中主要有小生（通常為文生）、苦旦、副生（通常為武生）、妖婦、三花、三八、老婆、老生等行當。

歌仔戲行當俗稱與其他劇種不同之處，主要在於充滿鮮明形象的行當稱呼，如苦旦、妖婦、採花、三八等行當；還有就是小生通常由女演員充任。小生，劇中男性角色，通常是第一男主角。女演員—小生—男性角色，性別與表演在此處顯得特別有意思，特別耐人尋思。

歌仔戲小生行當的訓練，除了與其他戲曲劇種小生行當一樣，須進行唱、做、念、打的訓練之外，外台歌仔戲小生還特別重視眼神的訓練與服飾的裝扮，這也是與坤生表演息息相關的部分，因此以下的論述著重在這兩部分，至於小生行當的基本訓練，只是概約性的說解，不是完整表演體系的論述。目前歌仔戲最大宗的藝人就是外台歌仔戲演員，他們演的是活戲，是幕表戲，沒有被完全寫定的念白與唱詞，特重與其他角色台上的即興互動，和與台下觀眾的交流。

1. 小生行當的基本訓練

戲曲演出，特重唱腔，歌仔戲亦然，才有所謂：「一聲蔭九才，無聲毋免來。」的俗諺，沒有一條好嗓子，就難以成為一個稱職的好演員，而在歌仔戲小生行當的唱腔要求上，還著重聲音要厚，才能彰顯出陽剛特質。有的演員為演小生，會特地壓低嗓音，但光是壓低嗓音是不夠的，小生聲音的厚實感，是其與旦角柔婉輕細聲音的主要區別，因為歌仔戲唱腔基本上全用本嗓，生、旦、丑各個行當皆是如此，不像京、崑其他劇種會以真、假嗓，或真假混合等運用來區別行當，所以同是本嗓，嗓音的厚與輕、剛與柔就成了生、旦的主要區別。

除了聲音的要求之外，每個行當都有基本功訓練，而小生行當會要求身架要挺，盡量彰顯出普遍意義的陽剛味。

2. 外台歌仔戲小生眼神的流動

歌仔戲有兩句俗諺：「小生小旦，目尾牽電線」、「小生目睭吊時鐘，小旦目睭牽電線」，說明小生、小旦演戲特重眼神的交流，不論是跟戲臺上的對手，或者是台下觀眾眼光的交流，小生和小旦的眼神必須訓練到能顛倒眾生、吸引觀眾目光的境界。所謂的「牽電線」是指「通電」的意思，「吊時鐘」是指以往的時鐘下方會有個鐘擺，小生眼神的流動就要如鐘擺擺動那樣，掃視過台下的觀眾，其目的是爲了讓觀眾覺得小生看到自己了，而令觀眾產生某種悸動。小生此眼神的流動，也叫「駛目箭」。

相信不論對何種劇種而言，眼神都是很重要的，但其目的是爲了塑造角色，及與其他演員對戲，而「小生小旦，目尾牽電線」、「小生目睭吊時鐘，小旦目睭牽電線」除了塑造角色的目的外，還強調與觀眾的互動、交流。簡單來說，對於演出場域爲外台的歌仔戲演員而言，小生、小旦目光的交流不限於「戲內」對手，還有「戲外」的觀眾。

外台歌仔戲的表演場域，演員跟觀眾的距離是很接近的，甚至經常會產生互動，有些戲迷、戲箱是固定跟著戲班走的，戲班到哪裡演出，戲迷、戲箱就跟到哪裡，戲迷、戲箱對演員不但有精神上的鼓舞力量，還有實質的物質或經濟支持，所以演員會重視台下的觀眾，會跟她們產生交流互動，那如何交流？小生不能像三花、彩旦那樣，可以隨意地跳脫劇情，透過說白跟觀眾有直接互動，她們通常是運用眼神來傳達情感，而且通常是在一出台亮相時，鮮少是在戲劇進行當中去「拋媚眼」。戲曲程式有個很有特色的設計，就是在人物的一出場，透過一連串的身段、做表展示人物的性格，通常這時戲劇情節的發展是暫停的，讓演員利用出台亮相來充分展現自己，而外台歌仔戲小生、小旦就會運用這個時機，以眼波的流轉傳遞電力，盡可能地散發魅力。當然不是每個小生、小旦都能掌握好眼神流動，但是厲害的小生、小旦就是有辦法做到「小生目睭吊時鐘，小旦目睭牽電線」，顛倒眾生，讓觀眾有「觸電」的感覺。擁有家族戲班的 O 小生就對歌仔戲演員的眼神訓練有深刻體會：

筆　者：那你覺得要演小生要有哪些條件？

O 小生：就要帥吧（笑）……

筆　者：第一個要帥，第二個呢？

O 小生：其實也是要有基本的唱腔跟腹內啦，舞台魅力要夠。

筆　者：舞台魅力可以訓練的嗎？

○小生：可以訓練。

筆　者：怎麼訓練？

○小生：我聽很多都是，老一輩的都跟你「開破」（開導、點化的意思），就是說你出台時，眼尾怎樣勾人……

筆　者：你是什麼時候聽到這個說法？

○小生：也是這幾年，我大姨才跟我說，因為我大姨說我出台都不太會笑，因為我笑不好看，可能是因為牙齒的關係，我覺得我笑不好看。我大姨說我要笑，眼尾，算是眼尾要勾人。（笑）比方說一出台嘛，你就先相台下的歐巴桑，你覺得哪個比較有你的緣，你就看她一下，差不多停個兩三秒，再轉到別的地方，就是先讓她有注意到你，你勾她一下這樣，（○小生邊說邊笑，筆者跟著笑）我覺得這很重要。

筆　者：我就是想問這個，是不是主要的小生小旦都要被教育學會這個東西？

○小生：嗯，笑容也很重要。

筆　者：怎麼笑呢？

○小生：自然一點，不要說假假的，也不要說笑到很像瘋子。（大笑）

〔註13〕

○小生雖是位年輕的男小生，不過他也是出身於歌仔戲世家，對於演技、魅力的技巧與要領自有長者教授，而他所說的眼尾勾人、嘴角微笑要點，筆者多年的觀戲經驗也有所體會，因此連續訪問好幾位歌仔戲小生這個問題，不過發現並不是每個歌仔戲小生都擅長這眼神的流動技巧。有些小生受訪時表示，那是得靠個人的修為與體悟，並不是別人會輕易教授、點化予你的要領；而領悟學會運用眼神放電的演員，其觀眾戲迷通常會比較多。

3. 服飾的華美要求

歌仔戲服裝的華美隆重已經成為這個劇種的特色，傳統戲曲一向要求「寧穿破，不穿錯」，但對受日本歌舞團文化、美國流行文化〔註14〕、中國其他劇

〔註13〕受訪者：○小生。時間：2009年12月22日14：00～15：45。地點：台南市文平路那堤咖啡。

〔註14〕美國流行文化的元素主要展現在胡撇戲中。戲齣方面，例如改編自電影的半古路半胡撇《鐵面人》、《變臉》、《麻雀變鳳凰》等。服飾方面，如仿牛仔的

種〔註15〕影響的外台歌仔戲或「胡撇仔戲」小生、小旦而言，「美」是比「對」更高的準則。例如，傳統劇目《狸貓換太子》一戲，若由劇團小生來飾演太監陳琳一角，那太監陳琳的服飾肯定不會比皇帝、后妃來得差，甚至服飾質材之佳、樣式之多有時會明顯地凌駕於帝王后妃之上。

外台歌仔戲小生的服裝走的是華美路線，直媲美日本寶塚歌舞劇團，事實上，許多歌仔戲小生的服飾風格也常取材自日本寶塚雜誌，如號稱「歌仔戲戲服製作的第一把交椅」的坤生陳血，在一九七〇年代末期以來，因戲服製作產業的獨佔性，她主導了外台歌仔戲戲服的流行趨勢，而她很喜歡寶塚，「會請人特別從日本帶回寶塚的攝影集，參考其禮服的造型，其工作室即有多本藏書。」〔註16〕另外如蔡美珠〔註17〕、郭春美、米雪、孫詩詠等坤生也是寶塚的愛好者。日本的寶塚男角全由未婚女性扮演（稱為男役），這種女扮男的傳統與歌仔戲的現貌很接近，而是不是因為這樣的傳統特色而造就了女小生陽剛與陰柔雜揉的中性服飾特色？並且因為有戲箱贈送戲服的傳統而走上華麗的路線？歌仔戲戲箱多為女性，為打扮自己護擁的小生，常彼此比較所贈的戲服是否夠亮夠出色。筆者某次跟曹復永導演閒談時，他提及過往的經驗，當時他幫黃香蓮排戲，有時他覺得黃香蓮的戲服不是那麼適合那場戲的演出，過於誇張與華麗，不過當黃香蓮跟他說：「做（贈送）這套戲服的人就坐在台下」時，他就理解了，不再試圖要換戲服，以免讓黃香蓮為難。

上述的例子是劇場演出的實例，至於外台歌仔戲演出，同台的小旦、小生通常會穿「情侶裝」，或者是同色系的衣服，這樣的傳統來自於內台時期。那時歌仔戲為了吸引觀眾，通常主要演員只要一換台，就會跟著換戲服，而

穿著打扮。J小生表示，通常小生都會有一、兩套類似西部牛仔穿著的服飾，但並不是為了某個戲齣或角色而準備的。目前通常只是於胡撇戲中拿來配衣服配色用。2010 年 7 月 6 日電訪 J 小生所得。

〔註15〕 例如歌仔戲服飾中很重要的「都馬袖」款式——寬大的袖子設計，與「都馬靴」——文生的靴子（通常走華麗風），是歌仔戲向閩南的「都馬劇團」學習而來，而都馬劇團又是跟越劇學習而來。

〔註16〕 葉玫汝：《臺灣外臺歌仔戲人物造形藝術研究》，臺北藝術藝術大學戲劇學系碩士論文，2007 年 2 月，頁 3 及頁 40 註 81。

〔註17〕 「知名小生蔡美珠曾回憶二十多歲七道日本遊玩，特地去看寶塚劇團的演出，特別注意其化妝、造型、男役走路的方式，作為自己演出的參考。」詳參葉玫汝：《臺灣外臺歌仔戲人物造形藝術研究》，臺北藝術藝術大學戲劇學系碩士論文，2007 年 2 月，頁 40 註 81。

同台的對手演員也會跟著穿同色系戲服，只不過當時尚未要求到同顏色、同款式。〔註18〕

　　歌仔戲的「情侶裝」不若流行時裝的情侶裝偏中性色彩，流行時裝的情侶裝由男女兩性著穿，但是歌仔戲的「情侶裝」基本上偏向陰性風格，不具備「男女有別」的功用，這樣的服裝會型塑出什麼樣的小生形象？看在觀眾眼裡又會是什麼樣的風采？由女性扮演小生已是走陰柔風，在服裝上又不特別去強化「陽剛味」，當生、旦穿著相同的戲服演對手戲，不看臉蛋（生旦妝容的主要差別在於眉毛，小生多畫劍眉，小旦眉會比較細）、不看髮型，眞的會雌雄莫辨。姑且不論「情侶裝」的部分，單看小生服飾，其繁瑣多層的穿著、環珮叮噹的配件，也是挺女性風的，因此歌仔戲小生詮釋的角色雖是異性，但透過服飾型塑出的人物卻走另類的「性別」，非傳統男性，亦非傳統女性，而是「T」。

（二）想像的力量

　　上一小節分析了歌仔戲小生角色形象的塑造根基，這一小節則要針對觀眾的欣賞來做探討。有人演就要有人看，「表演」才算眞正完成。

　　當觀眾在觀看、欣賞表演時，心理活動可能是相當複雜的，那種複雜的心理過程不一定會被觀眾自己所察覺，一種融合了文學、心靈饗宴與慾望特質的潛在活動悄悄運作，觀眾可能會滿足於所觀看到的表面視學——一個被型塑出的舞台角色，一個美化的小生形象。Lynne Segal 在〈性慾特質〉一文中說：

> 慾望居於無法估算之重要中心位置，除了表現在手、唇、陰莖的移
> 動或者其他機械性震度的形式之外，慾望並不是一個可以被行爲主
> 義方法論加以控制與測量的分析類別。〔註19〕

表演的場域，本來就是「想像奔馳」的場域，那舞台上虛幻不實的一切演出，在走入劇場／表演場域之前早已爲人們所得知，那只是「戲」，只是「故事」，不管搬演的是不是由眞實歷史或眞實人物所改編而來的戲碼，即將在眼前呈

〔註18〕 葉玫汝：《臺灣外臺歌仔戲人物造形藝術研究》，臺北藝術藝術大學戲劇學系碩士論文，2007年2月，頁22。

〔註19〕 Kathryn Woodward 編、林文琪譯：《認同與差異》（台北縣：韋伯文化國際出版有限公司），2006年10月，頁346～347。

現的都是「假象」，那是藝術作品，不是真實人生。但有些人會不自覺地「走入」透過演員表演、透過整體藝術呈現所架設出來的「時空」之中，不小心便放下由想像所誘發的感情。

從一齣戲的生產過程，製作群與演員會竭盡心力去揣摩如何呈現才會有想要的「效果」，觀眾的感覺早在戲碼的生產過程中被計算著，什麼樣的情節安排會感動觀眾、什麼樣的詼諧對白會逗樂觀眾、什麼樣的生旦互動會吸引觀眾、什麼樣的眼神拋射會觸動觀眾、什麼樣的肢體呈現會定住觀眾、什麼樣的音樂會烘托情境……不能說製作群與演員能神機妙算，算準所有表演均能達到想要的效果，但經驗的積累、行當的訓練會讓演員知道如何去展現人物、如何會散發魅力，深深吸引大批女觀眾的女小生尤然。

女性觀眾在觀賞小生的演出時，她眼裡的小生是男是女？多數的女觀眾都心理清楚演員的生理性別是女的，但她扮飾的角色是男的，而觀戲時女小生所塑造出來的舞台男性角色，會讓女性觀眾在心裡、在潛意識裡產生某種戀慕、某種情慾，這之中「想像」起著很大的作用，然後會產生情感投射，或許有些女觀眾最初愛慕的是女小生所創造出來的角色，可以說那是對異性戀慕的投射，但是僅止於此嗎？恐怕不是的，因為若只是這樣，那男小生來演不是會更像男性角色！為什麼歌仔戲反而是女小生的天下？不過確實也是有人單純是因為女小生所塑造出的異性形象而深深迷戀，甚至期盼女小生就是劇中人，完全沈浸在「戲劇情境」中，愛上一個被美化的角色人物，偶然間得知傾慕的角色竟是由女演員飾演時，會感到無法接受；或者雖明知對方是女小生，但總愛以「哥哥」稱呼，就像圓圓對 J 小生也堅持稱呼她為「小哥」。無獨有偶，與歌仔戲歷史發展相似的越劇也是以女小生著稱，同樣有這樣的狀況。越劇觀眾柳聞鶯在〈越女新妝出鏡心〉一文中坦露這樣的心情：

> 有時候覺得我像個有點喜歡撒嬌的妹妹，而張琳就像個「哥哥」一樣，這種感覺給我印象太深刻了，從此我私底下總是稱她為琳哥哥，大約博客上稱得多了，這稱呼漸漸竟有了流傳開來的趨勢。我開玩笑地把這件事告訴她，可愛的琳「哥哥」居然說了句好！〔註20〕

〔註20〕 柳聞鶯：〈越女新妝出鏡心〉，《戲文》（杭州市：浙江省藝術研究所），2007年第四期，頁 17～18。

張琳是紹興小百花越劇團優秀的年輕女小生，曾獲得不少獎項〔註21〕。由上述引文可感受到戲迷朋友對於她的喜愛，真摯情感不言而喻，而明知對方是女生，依舊想撒嬌地叫她一聲「哥哥」，一是有可能渴望對方是異性的化身，二是將對方視為「T」，圓圓就屬於後者。

　　許多女觀眾可能由欣賞女小生所塑造出的舞台形象開始，然後將情感投射在女小生身上，最後甚至愛上女小生，而女小生的生理性別是個很好的屏障，局外人會認為觀眾只是在欣賞戲曲藝術，欣賞女小生的表演，但誰能保證觀眾複雜難解的心理活動過程中沒有逸出「欣賞」的範圍？J小生說：

J 小生：像早期楊麗花是不是很多人愛看？

筆　者：對啊。

J 小生：也都是一些歐巴桑在看，也都是一些女生來看，因為他們
　　　　就感覺說女生……可能是時代在變啦，以前是不是是比較
　　　　封建時代，你若是迷男孩子迷成那樣，人家會說你在「討
　　　　客兄」，你紅杏出牆……同樣意思，現在女小生，女生對女
　　　　生，那時候同性戀也沒有這麼流行，所以他們看到一個女
　　　　小生，會感覺很帥耶，女孩子怎會妝扮那麼帥……她們去
　　　　看人家不會多說話，人家不會說：「你變態，在看那……」
　　　　沒有這種事情出現，所以又變成說是時代的演變，從楊麗
　　　　花她們那兒、葉青啦、柳青啦，那些女小生紅起來之後，
　　　　觀眾來看這，再來看的眼光就就都一樣啊，他們就愛看女
　　　　小生，所以……

筆　者：所以妳的意見……

J 小生：一些戲迷會被激發，她們從欣賞的角度，然後才演變出那
　　　　個情愫，才演變出這事情出來。一開始也不可能說……一
　　　　開始一定是欣賞而已吧，後來演變這情愫就是因為人對偶
　　　　像的一種情感啊……像我看她（指E小生）也是這樣啊，

〔註21〕 張琳曾榮獲紹興市第六屆戲劇節演員一等獎、紹興市觀眾最喜愛獎、浙江省
　　　　第八屆戲劇節優秀青年演員表演獎、浙江省越劇青年演員「優勝獎」、第二屆
　　　　全國越劇演唱大賽（專業組）金獎第一名和新星獎、2006年全國「越女爭鋒
　　　　——中國越劇青年演員電視挑戰賽」金獎第一名、2006年中國越劇藝術節十
　　　　佳新秀榜首。參見「張琳越劇表演專場」，《戲文》（杭州市：浙江省藝術研究
　　　　所），2007年第四期。

> 我看她也是從欣賞的角度開始，她是女生！妝小生有這帥
> 喔！這個時代還有這英俊的小生……〔註22〕

J 小生以她個人的演藝體悟，以及從觀眾身份欣賞 M 小生的經驗來表達看法，她認爲戲迷對女小生的情感都是從欣賞開始。在電視歌仔戲盛行的年代，楊麗花、葉青、柳青等知名坤生擁有大批戲迷，那個時代同性戀還不流行（至少表面上是如此），戲迷對她們的瘋狂喜愛不會遭到「懷疑」，因爲小生是女的，但是實際上，戲迷有可能會從欣賞轉而產生情愫，「英俊的小生」會讓女觀眾有許多想像的空間，如果觀眾是個異女，她可能愛上的是坤生所塑造出來的角色形象，如果觀眾是同女或雙性戀（潛意識的就行），那她之所以產生情愫，是因爲她將坤生視爲 T，但是眞實生活裡的坤生不一定是 T，不過那並不妨礙戲迷的心裡活動或是想像。關於這部分的進一步論述，本章第四節「坤生的表演美學」會再做分析，於此便不再贅述。

　　簡言之，在舞台表演與性別的關係就是坤生透過扮裝表演與觀眾進行交流，不論是有意識或是無意識，都會形成女小生美學，也就是 T 美學，既非傳統男性美學，也非傳統女性美學，而是獨特的坤生表演美學。

（三）坤生「自我」與「行當」演繹的結果

　　坤生長久在舞台上扮飾男性角色，會對其眞實人生的性／別認同產生影響嗎？這沒有絕對的答案，因爲人是十分複雜的生物，但可以肯定的是「凡走過的必留下痕跡」，就像是錘一塊大石頭那般，每錘一下其實內部都會受到損傷，只是外表不一定看到而已。也就是說坤生經過長期扮飾男性角色的結果，有些人「男性特質」會明顯外化，有些人只在內心深處起過波瀾，她們的性／別從表象看來沒有受到影響，她們可能照常嫁人生子，外表也打扮得非常女性化。

　　這樣的狀況不唯發生在歌仔戲界，像任職於國光劇團二十幾年已婚的某女老生，她剖析自己學了老生之後的轉變：

> 我學老生以後，似乎對於自己原本的弱勢形象，產生了強化的幻覺，
> 可能因爲男子氣魄的強行加入，面對同學、環境上的總總人際問題，
> 我不像以往那樣懦弱。〔註23〕

〔註22〕受訪者：J 小生。時間：2008 年 1 月 18 日下午。地點：J 小生家客廳。
〔註23〕劉慧芬：〈劇場乾坤變：談跨越性別的腳色扮演——以坤生爲例〉，《婦妍縱橫》第 72 期（2004 年 10 月），頁 9～15。

生行的訓練讓她從一個懦弱的小女孩轉成有自信的女子，在個性上她獲得了正面的力量，這樣的改變是個性上的，至於她的性／別認同，她自言「我本來就是女生，也不願意被別人看成『男人婆』，所以台下依舊『努力地』維持女生形象。」〔註24〕而擁有不少女戲迷的歌仔戲名坤生唐美雲也會在台下盡量地展現女人味，留長髮、穿性感禮服。〔註25〕

習京劇老生的鍾傳幸在〈一個坤生的自白〉一文中，如此剖析她自己：

> 學京劇，讓我換了名，也改了「性」，我的童年，從外在的生活習慣，到內在的思維想法，漸漸地被生角、老生同化著而渾然不知……二十歲前，我幾乎天天都浸在扮演的角色堆中，從唱功的王公大臣，到做表的底層奴僕，台上的老生人物，與台下的自我，常不自覺地交互影響而不自知……為了鞏固「正統」、「中心」狀，我的外表亦配合著做，一頭短髮，不打扮、也不修飾，穿著上，衣褲多於裙衫，甚至有時還穿西裝、打領帶，行走言談間，少有秀氣端莊，卻多了老成持重，不苟言笑、故作嚴肅狀，毫無幽默可言，真是無趣的童年。<u>我的性別意識，漸趨中性</u>，但從來沒有人告訴我，這樣好或不好。那時，我還常因為名字、動作、外表，被人誤以為是「男孩」，然而我毫不介意，甚至暗中還有些竊喜……直到後來，很後來，我開始談戀愛了……<u>我這才漸漸地往女性意識靠攏，重回到女兒身</u>。
> 〔註26〕（底線為筆者所加）

鍾傳幸很清楚地表達在戀愛之前她的個性與「性別」明顯受行當影響，她的性別意識是趨向中性的，也喜歡打扮得很中性，甚至是男性化，如穿西裝、打領帶。明華園當家小生孫翠鳳也是相同的狀況：

> 當我開始演小生，一頭栽進男人的世界後，其實我是完全改變的，連我的肢體動作都改變。甚至於連在走路，有好長一段時間我根本不敢穿裙子，我都穿長褲。我在舞台上就是抱小旦抱習慣了。所以其實平常我也會很主動地把我的手，就勾肩搭背，搭在別人身上，

〔註24〕 劉慧芬：〈劇場乾坤變：談跨越性別的腳色扮演——以坤生為例〉，《婦妍縱橫》第72期（2004年10月），頁9～15。

〔註25〕 陳文婷：〈既是英雄，也是美人—專訪歌仔戲小生唐美雲〉，《婦妍縱橫》第72期（2004年10月），頁40～49。

〔註26〕 鍾傳幸：〈一個坤生的自白〉，《婦妍縱橫》第72期（2004年10月），頁16～24。

　　　　不管這個人是我的小孩、還是我的先生，我還是會把他們抱在我懷

　　　　裡，這個動作我的小孩可以接受，但是我的先生不能接受……〔註27〕

不論是鍾傳幸或是孫翠鳳，她們都坦承生行的飾演會讓她們在個性以及台下
的肢體動作、穿著打扮都顯得「中性」，只不過她們沒有真正溢出傳統的性／
別觀，而 J 小生則認為她受到生行扮飾與戲迷的簇擁後，不僅在外型打扮上產
生變化，心裡狀態也產生變化，覺得自己就是個「小生」，就是個「T」。

　　　　做小生之後，（笑）有很多女孩子迷我的時候，那時候我才知道原來

　　　　做小生就是會迷人喔！就是會讓女孩子愛著我這樣子，然後有女孩

　　　　子愛著我的時候，有很多人在「煞」我的時候，我就有一個榮譽感

　　　　妳知道嗎？就會感覺自己越像小生啊……（大笑）真的，很好笑吧？

　　　　然後那種姿態也會出來喔！那種帥氣的姿態也會出來喔！（筆者：

　　　　有種自信）對！無形中我那種性格也會出來，喔！嘴巴就很會「虧」，

　　　　那種表情動作就真正很像那小生，就很像 T 這樣。〔註28〕

J 小生說她常因為女戲迷來找她，所以剛下戲的她，經常會延後卸妝，不想馬
上換回「女兒裝」，她想維持「小生」的形象，這樣的心態，其實已洩漏她的
性／別認同不是「正軌」的。內台名坤生洪明雪也有相似的經驗：

　　　　我彼時（指十七、八歲少女時）都穿查甫的衣服，跟她們（指女戲

　　　　迷）出門，我都不穿查某的衣服，因為會感覺扞格扞格的（怪怪

　　　　的）……江山樓我常去，舞廳也常去，她們都把我當男生……在那

　　　　個所在，我都用男生的步數去那裡七逃，那些酒家女、藝妲都嘛是

　　　　我在攬（摟）的……還有一次，跟一個查某戲迷太好，弄到讓人家

　　　　丈夫吃醋，他誤會我是查甫的，到台北第一分局告我，說他老婆包

　　　　袱款款跟我跑，新聞報得很大篇，告到我出名。〔註29〕

從洪明雪的例子，更明顯可感受到年輕的她也溢出傳統的性／別觀，不過因
為她已嫁人生子，也從沒明說自己的性向認同問題，所以無法得知年輕時的
她是否經驗過不同於正軌的性／別觀。

〔註27〕　轉引自吳孟芳：《台灣歌仔戲坤生文化之研究》，台灣大學戲劇研究所碩士論
　　　　　文，2002 年 6 月，頁 65。

〔註28〕　受訪者：J 小生。時間：2008 年 1 月 20 日 13：00～14：05。地點：J 小生家
　　　　　客廳。

〔註29〕　轉引自吳孟芳：《台灣歌仔戲坤生文化之研究》，台灣大學戲劇研究所碩士論
　　　　　文，2002 年 6 月，頁 66～67。

謝喜那（謝克納）（Schechner ,Richard）的表演理論認為：

> 由於每天的訓練和排練，一步一步，形成了一種演出狀態。這種演
> 出被多次重複。然後這就被解散了。相同的節奏影響了每一個演員。
> 他在演出前來到了劇院；自己以某種方式為表演的特殊興奮而做熱
> 身準備工作；演出；當戲演完以後，他經歷了某些緩和平息的過程，
> 又恢復到一種正常的狀態。熱身—演出—冷卻的順序是一個表演的
> 統一體，演出本身是一個強調的活動，一種時斷時續的、神聖的、
> 神話的和假面的被強調了的狀態。〔註 30〕

「熱身—演出—冷卻的順序是一個表演的統一體」，戲曲演員的行當訓練、舞
台角色扮演，與下戲後回歸自身性別的過程也是相似的，不過並不是每個人
的「冷卻」功夫都可以做得很好，像 J 小生，她會因為女戲迷的簇擁而暫時不
想恢復「女兒身」，洪明雪的例子也是，她將舞台上的角色搬到台下，把自己
當成「男人」，穿男人的衣服，走江山樓、舞廳，抱藝妲、酒家女……這些行
徑都說明了她們深受坤生行當／舞台男性角色的影響，她們在演出結束後並
沒有做好「冷卻」的功夫，依舊陷在行當的飾演中，不過這也證實了性別的
可表演性。

　　H 小生的姊姊也是相似的狀況，她因為飾演生行，又遇到有同性經驗的
小旦，結果兩人就將台上的情侶關係演到台下；偶爾串演生行的三花小帛也
是，她早已結婚生子，但受到小旦花凌引誘，於是也跨越原來的性／別觀，
在台下繼續扮演台上的角色，與花凌談起戀愛。

　　關於演員自我與舞台角色的問題，謝喜那提出他觀察研究的結果：

> 他／她可能因為太入戲，太受劇中人物的影響，而被「永久改變」
> （transformation），或是在演出當時，「暫時變成另一個人，但在事
> 後又回到自己原來的狀態」（transportation）……每一場個別的表演
> 都會使演員產生短暫的改變，而一連串短暫的改變將導致演員永久
> 的人格變化。〔註 31〕

檢視本文所做的田野調查，將謝喜那的表演理論套到坤生的性別表演中，發
現除了某部分演員會因為小生行當的飾演而產生「性別」的「永久改變」，多

〔註 30〕謝克納（Schechner ,Richard）著、曹路生譯：《環境戲劇》（北京：中國戲劇
　　　　出版社），2001 年 5 月，頁 188。
〔註 31〕Schechner, Richard. Between Theater $ Anthropology. （Philadelphia：University
　　　　of Pennsylvania Press）1985，p125～126.

數演員則不僅於演出當時產生「短暫改變」，而是在某段時間會隨著舞台行當的扮飾而產生性／別越界現象，如 H 小生的姊姊、小帛。對照小旦行當，許多小旦也會因爲在舞台上和坤生談情說愛，導致台下的她們也會產生性／別越界，時而是婆，時而是異女，如金女、水女，台下的她們有時會延續台上的角色，與 T 相戀，有時又跳回「正統」性／別框架，同男人交往；火女跟土女某些時段更是隨著台上的性別扮演而一再改變她們台下的性／別，才會造成她們的性別認同游移在異女、婆、T 之間。

　　至於 B 小生、D 小生、E 小生、I 小生、Q 小生等人，可能因爲長期充任生行，更加鞏固了她們的 T 認同，因此台下的她們只與婆相戀，而也因爲她們與婆相戀，反過來又強化了她們的小生表演魅力，在舞台上可以更揮灑自如地扮飾「男性」，更懂得如何塑造吸引女性的「男性角色」，這也造成了坤生的表演美學。

第二節　戲曲表演魅惑探索

　　在延續上一節性別與表演的關係進行探討「坤生表演美學」之前，本文想先對戲曲表演的魅惑力量稍做耙梳與探討，目的是說明這是由來已久的現象，不獨發生在歌仔戲小生身上，以免讓人誤以爲只有歌仔戲坤生特別會迷惑人心。

　　其實表演本身擁有某種巨大的能量，能讓人如癡如醉，演員、觀眾皆然，古今中外亦皆然。本文在田野調查的過程中，看過、聽過好些個觀眾因喜愛歌仔戲、喜歡某位演員的表演，因而追著戲班跑，接著開始進戲班學戲、演出。曾造成藝界一陣嘩然、改編自眞實故事的小說《失聲畫眉》〔註 32〕，講述的就是這樣一位少女的一段生命歷程。

　　戲曲演出自來皆是如此，不論是有百戲之母美稱的崑曲、流傳最廣的京劇，亦或是各地地方戲，都具有某種程度迷惑人心的魅力，以下便對戲曲表演的魅惑力量稍做歷史耙梳與探討。

〔註32〕凌煙：《失聲畫眉》（台北市：自立晚報社文化出版部），1991 年 11 月。

一、由來已久的表演魅惑力量

關於戲曲表演魅惑力量，可從現存最早戲曲劇本講述的就是文人愛上戲子的戲碼看出端倪。宋、元間的南戲、北劇是最早有劇本留存的劇種，而明《永樂大典》殘卷收錄的三種戲文——《張協狀元》、《宦門子弟錯立身》與《小孫屠》，是目前僅存於世的三種宋元戲文，也是中國現存最早的戲曲劇本。其中《宦門子弟錯立身》講述的是宦門子弟愛上戲子，並且走上戲子之路的故事。（詳參附錄四）由此劇可得知戲曲表演的魅力之大，足以讓高階級的官宦之後，受美麗小旦牽引而選擇放棄優渥舒適的生活與名貴身份，並走上演藝之路。

或許有人會質疑《宦門子弟錯立身》畢竟只是一本戲，不是真實故事，但會產生這樣的戲文，當時或有類似的真實事件，所以才會被收錄於梨園劇本中。譚達先《中國民間戲劇研究》〔註33〕就耙梳出幾則古籍中關於表演魅惑人心之實例，如宋代陳淳的〈上傅寺丞論淫戲書〉、清代紹興師爺傳抄秘本《示諭集錄》中嚴禁唱「採茶戲」的記錄等等。（詳參附錄五：幾則古籍中關於表演魅惑人心之實例）

女藝人之中，扮飾小生者，尤有特殊魅力。王韜在《淞隱漫錄·二十四花史上》便介紹雛妓小阿招扮飾小生的風采。

> 小阿招者，帽兒戲中之小生也。當同治戊辰，己巳間（一八六八——六九年）滬上尤盛行此戲，新北門外多有之。地頗湫嫒，雛姬二三人束裝登場，演諸雜劇，大抵以能歌崑曲為上，小阿招則其尤著稱者也。綺齡僅十五六，顧盼多姿，歌喉如鶯轉谷，醞而出之，其摹寫盡致處，若親見古之人而與周旋上下，故觀者恆搖情動魄，不能自己。〔註34〕

「觀者恆搖情動魄，不能自己」是對表演魅惑最好的註解，解釋了觀者無法自控的狀況，有時明知那只是表演，卻無法自拔地淪陷無底深谷，「染成心疾」。

> 華亭錢學綸的《語新》：花鼓戲不知始於何時。其初乞丐為之，今沿城鄉搭棚唱演淫俚歌謠，醜態萬狀，不可枚舉。初村夫村婦看之，

〔註33〕 譚達先：《中國民間戲劇研究》（臺北市：臺灣商務印書館股份有限公司），1992年12月。

〔註34〕 （清）王韜：《松隱漫錄》（台北市：廣文書局），1976年，頁384。

後則城中具有知識者亦不爲嫌。甚至頂冠束帶，儼然視之，殊可大噱。余今年五十有四，當二十歲外猶未聞也。或曰：某村作戲，寡婦再醮者若干人；某鄉演唱，婦女越禮者若干輩。後生小子，着魔廢業，演習投夥，甚至染成心疾，歌唱發癲。〔註35〕

觀看花鼓戲的人本來是村夫村婦，後來連知識份子都受吸引，甚至在觀戲後，造成寡婦再嫁、婦女越禮風氣，青年學子也荒廢課業，群聚學習演劇唱曲。戲曲表演之魅惑力量果眞不容小覷，而也因爲這樣，十九世紀末以來戲曲依舊背負「淫戲」污名。(詳參附錄六：十九世紀末以來戲曲的「淫戲」污名)可以說台海兩地不論劇種，多有「淫戲」污名，認爲唱詞淫褻不雅，故而屢屢遭禁，但是若反思湯顯祖的著名作品也多綺麗淫媟之句，如廣爲人所熟知的《牡丹亭・驚夢》一齣：

〔生低答〕和你把領扣鬆，衣帶寬，袖梢兒搵著牙兒苫也，則待你忍耐溫存一晌眠。〔旦作羞〕〔生前抱〕〔旦推介〕〔合〕是那處曾相見，相看儼然，早難道這好處相逢無一言？〔生強抱旦下〕……【鮑老催】〔末〕單則是混陽蒸變，看他似蟲兒般蠢動把風情搧。一般兒嬌凝翠綻魂兒顫。這是景上緣，想內成，因中見。呀，淫邪展汙了花台殿。〔註36〕

活色生香的鴛鴦交頸描寫，讀來令人兩頰生熱，卻未遭衛道人士批駁，是不是表示地方戲在表演上眞有過火不適當之處，才惹來一身腥？但從另一個角度來看，也或許戲曲表演具足魅惑人心的力量，才會成爲禮法的「威脅」存在。

二、歌仔戲的魅惑力量

（一）日治時期嚴遭知識份子排斥的歌仔戲

日治時期歌仔戲被稱爲「歌戲」或「歌劇」，她在小戲階段便已受到知識份子的關注，認爲其表演風格過於淫情浪態，有心人應及早改革之。《漢文台灣日日新報》1905 年 8 月 18 日第五版第 2189 號：

〔註35〕譚達先：《中國民間戲劇研究》(臺北市：臺灣商務印書館股份有限公司)，1992 年 12 月，頁 45。

〔註36〕湯顯祖原著，徐朔方、楊笑梅校注：《牡丹亭》(台北市：里仁書局)，1995 年 2 月，頁 61。

宜蘭東勢一帶村下。每遇酬神賽會。動則搬演歌戲。歌戲者。鄉間之浮浪子弟。所嬉游之戲者也。<u>其聲淫其狀醜。其所搬演之齣。不外淫女私奔之情事</u>。觀者最易為之神迷心動。而弗知所自檢也。故一聞某庄有賽會之事。人必遽問之曰。戲演何類。如果其為歌戲也。<u>則雖道阻且遙。亦非所憚。人之多言。亦非所顧。男則友朋逐隊。女則姊妹成行。紅紅綠綠。爭先恐後。莫不思得一睹為快</u>。及其穿入人叢之中。置身舞臺之下。男女雜處。弗以為羞也。孩提啼號。弗以為恤也。眼睜睜而惟舞臺上之是望。耳傾傾而惟舞臺上之是向。<u>一心專注者。惟此能迷人動人之猥醜之歌戲耳</u>。觀者既已若斯之有味。則演者愈覺其逸興之遄生。及至夜闌更深。猶不自己。直待警官喝令閉場。始各相攜而歸。然其濡染于耳。目者早已固印之于腦髓之中。而不可拔矣。于是其淫猥之辭。醜穢之態。不惟居恆發于言動之際。猶且于友朋姊妹行中。藉作酒餘茶際之興。又奚堪一問哉。歌戲之傷風也。實有甚于採茶戲。有心人者。宜早圖改革之也。

〔註37〕（底線為筆者所加）

據徐亞湘的考證，上面這則報導是日治時期歌仔戲最早的文字記錄，記載宜蘭「本地歌仔」子弟班演出所受到的歡迎程度和其令人憂慮之事。本地歌仔之受歡迎，可從百姓只要聽聞即將演出歌戲，不論路途之阻與遙遠，皆會往而觀之，以及不畏人言，男男女女爭先恐後，既不怕人言男女雜處，連幼兒孩童啼哭也不顧，全神專注於舞台上之表演，所以在小戲階段的歌仔戲便被視為「能迷人動人之猥醜之歌戲」，其表演之影響力更甚於採茶戲。

一九二五年左右，歌仔戲進入戲園做售票演出，當時不僅出現歌仔戲女藝人，觀眾群也以婦女居多。《台南新報》1925 年 2 月 9 日第五版第 8255 號：

島人娛樂機關之新聲館。自舊元旦以來開演歌仔戲極博好評。婦女界尤趨之若鶩。蓋該劇唱念科白多以白話。無人不曉也。然往觀者多中流以下。若中人以上。則寥寥無幾。人智之高低。于此可見一斑。悲夫。〔註38〕

〔註37〕 徐亞湘：《史實與詮釋：日治時期台灣報刊戲曲資料選讀》（宜蘭縣五結鄉：傳統藝術中心），2006 年 12 月，頁 66～67。
〔註38〕 徐亞湘：《史實與詮釋：日治時期台灣報刊戲曲資料選讀》（宜蘭縣五結鄉：傳統藝術中心），2006 年 12 月，頁 307。

歌仔戲以其本土語言而通俗流行，丹桂社甚至曾在台南大舞台連演五個月，觀眾依舊客滿。《台灣日日新報》1926 年 2 月 7 日第四版第 9252 號：

> 臺南大舞臺自丹桂社男女班開演以來至今五個月餘。觀客仍然坐席常滿。其能得如此好況者為因前日重聘有名小生楊梨花。坤角雪月梅。前來參加合演。各藝員認真獻技。大受觀客歡迎云。〔註39〕

但觀眾喜愛而締造的票房佳績，反而讓有識之志滿懷憂慮，認為《山伯英台》等劇是淫戲，只會讓婦女癡迷不悟、趨之若鶩。《台灣日日新報》1926 年 12 月 18 日第四版第 9566 號：

> 歌仔戲之壞風俗。盡人而知之矣。最近如臺南嘉義郡下。且一例嚴禁。高雄旗後假劇場。自去月臺南丹桂社及臺北如意社。先後來旗開演。而不之禁。且所排劇目。多係淫劇。如三伯英台一本二本。是其一例也。是觀者自觀。演者自演。而癡迷之婦女猶趨之若鶩。誠風俗之攸關也云云。〔註40〕

禁戲聲浪喧囂甚上，劇場被視為淫窟，觀戲婦女都成了被蠱惑者，或與戲班結香巢。《台灣日日新報》1926.05.23 第四版第 9357 號：

> 劇場為淫窟臺中樂舞臺。頃來喜演歌仔戲採茶戲。其所演劇目穢褻不堪寓目。因之人家婦女。被蠱惑者頗多。甚有在該臺後。與戲班結香巢者。似此敗壞地方風俗不少。〔註41〕

良家婦女或遭誘拐，如《台灣日日新報》1926 年 6 月 11 日第四版第 9376 號所載：

> 臺中州下各地。頃來盛演歌仔戲採茶歌。所演劇目。咸鄙陋猥褻寓目。傷風敗俗。宛然文協一派之宣傳戀愛。且戲班。咸是竊徒無賴漢淫婦等所組織。到處行竊。凌辱良民。誘拐人家婦女等惡行。肆無忌憚。地方良民被害不少故有心人。殊為焦慮。屢講善後策。思欲抵制此輩之跋扈。者番由清水大甲員林彰化各處人士。請於當道。嚴為禁止。聞已受當道許准。此後不得再演亦地方風俗之幸也。〔註42〕

〔註39〕 徐亞湘主編：《日治時期台灣報刊戲曲資料檢索光碟》（宜蘭縣五結鄉：傳統藝術中心），2004 年 9 月。

〔註40〕 徐亞湘：《史實與詮釋：日治時期台灣報刊戲曲資料選讀》（宜蘭縣五結鄉：傳統藝術中心），2006 年 12 月，頁 344。

〔註41〕 徐亞湘主編：《日治時期台灣報刊戲曲資料檢索光碟》（宜蘭縣五結鄉：傳統藝術中心），2004 年 9 月。

〔註42〕 徐亞湘：《史實與詮釋：日治時期台灣報刊戲曲資料選讀》（宜蘭縣五結鄉：傳統藝術中心），2006 年 12 月，頁 330～331。

或引人私奔，如《台灣日日新報》1928 年 3 月 23 日第四版第 10027 號：

> 聞近來斗南斗六各地方。盛演歌仔戲。時聞引得無智男女私奔。蓋
> 此等演劇。傷風敗俗。一般輿論。深望當局。勿使之開演也。〔註43〕

深閨女子或隨優伶走，甚至逃遁爲娼，如《台灣日日新報》1928 年 10 月 30
日第四版第 10247 號：

> 二十三夜北署附近。演歌仔戲。觀者數千。一時男女混雜。鬥爭數
> 處。（嘆世者）大甲方面。自歌仔戲興盛以來。往往聞深閨女子。被
> 惡感化爲非或隨優伶去。或逃遁爲娼。誠敗壞風紀也（嚴禁爲是）。
>
> 〔註44〕

報紙上歌仔戲敗壞人心之報導隨處可見，知識份子的嚴詞圍剿聲音不絕於
耳，但似乎沒有起到大作用，觀戲者依然絡繹不絕，連保正都公然捐資以作
演戲之用。《台灣民報》1928 年 6 月 17 日第九版第 213 號：

> 前月廿三日在臺北艋舺料館口、開演歌仔戲的時候、警察當局對此
> 不但置之不問、甚至連保正也出來公然捐款以作演戲之用、貧困者
> 雖然口呼負負、而往觀者卻是人山人海。這種現象於臺灣的將來何
> 堪設想呢？（悲觀生）〔註45〕

當內台歌仔戲經濟不景氣，轉往外台演出時，觀眾依舊瘋迷如昔，在開演前
紛紛自備椅子，爭先恐後佔位置。《台南新報》1933 年 3 月 26 日第十二版第
11208 號：

> 市內太平町四丁目澤仁醫院。本二十四日開業。同日借五丁目空地
> 演歌仔戲披露。聞欲繼續三日。近附住民。老幼婦女。爭先恐後。
> 於未開演前。多數?帶椅條。木骱占據地場。或言欲尋黑貓或謂欲?
> 引黑狗。屆時果然觀眾如堵。棚前擁擠不開。本島人中。受此歌仔
> 戲所迷其弊害誠爲不淺。〔註46〕

〔註43〕徐亞湘主編：《日治時期台灣報刊戲曲資料檢索光碟》（宜蘭縣五結鄉：傳統藝術中心），2004 年 9 月。
〔註44〕徐亞湘主編：《日治時期台灣報刊戲曲資料檢索光碟》（宜蘭縣五結鄉：傳統藝術中心），2004 年 9 月。
〔註45〕徐亞湘主編：《日治時期台灣報刊戲曲資料檢索光碟》（宜蘭縣五結鄉：傳統藝術中心），2004 年 9 月。
〔註46〕徐亞湘主編：《日治時期台灣報刊戲曲資料檢索光碟》（宜蘭縣五結鄉：傳統藝術中心），2004 年 9 月。

當歌仔戲被視爲迷惑人心的戲曲，仕紳階級一方面極力鼓吹風俗改良，一方面自己又每夜結伴攜妓前往觀賞，足見歌仔戲的魅惑力量。《台灣民報》1928年4月29日第六版第206號：

> 敗俗的歌戲盛行市民宜驅逐出境基隆唯一的戲園新聲館、自昨年來每天所出演的大半是歌仔戲、因此那些輕浮的青年男女無不爭先恐後、所以若是歌仔戲來出演每夜都座席塡滿、而在一方面極力主唱風俗改良的所謂一流紳士們每夜都結伴攜妓前往觀看云云。唉！像這樣陽是陰違——戴假面具的社會害蟲、民眾當要排除之。而把那敗壞風俗的歌仔戲驅逐出竟才是了。〔註47〕

日治時期歌仔戲在報刊引起軒然大波，批判之聲持續十餘載，歌仔戲作爲當時最流行的戲曲劇種，受歡迎的程度與遭受的批評成爲兩股有趣的力量，但這不單是歌仔戲的「原罪」，某一日人在評述經常上演京劇的「新舞台」時，有一番有趣的觀察。《台灣日日新報》1934年7月31日第四版第12330號：

> 不僅是支那，在臺灣也不說「看戲」而是說「聽戲」，戲館也僅只是指小劇院，如果由字面上來聯想會讓人想到類似像巴黎一帶那種冠有 MAISON（館）的帶色情的「戀愛交易所」，但原本的意思卻是指戲院或是歌劇院……由於戲服華美，演員又亮麗善演許多，因此閒得發慌的有閒階級爭相湧入，連著數月都是客滿的熱鬧盛況。你問有沒有發生圍繞著演員的桃色爭奪戰？可多著了。當時不管在支那或臺灣，女性都是被關在家庭中，並沒有像現在這樣受到解放，這種情況越是中產階級越嚴重。所以以前中產階級者的小妾或太太會祕密的招人至華宅中演出色情的戲碼享樂，與俊美男優間的桃色糾紛更是不斷。戲院建好後由於演出場所轉移至街頭，因此就變得更加自由。男優不但有藝妲迷戀，還有有閒闊太太送秋波；而另一方面則是有許多有如金錢與慾望化身般的男人，以女優爲目標而相當躁進。這裡現在也有幾個變成小妾的上海女優呢……〔註48〕

戲如人生，人生如戲，戲曲演出勾起人潛在的情感，七情六慾人皆有之，透過表演呈現在舞台上時，被勾動的情思很容易在眞假虛實間荒誕失序，因而造就戲曲的魅惑力量，不獨歌仔戲如此，或許在戲曲成形之初便是如此。

〔註47〕徐亞湘：《史實與詮釋：日治時期台灣報刊戲曲資料選讀》（宜蘭縣五結鄉：傳統藝術中心），2006年12月，頁370。

〔註48〕徐亞湘：《史實與詮釋：日治時期台灣報刊戲曲資料選讀》（宜蘭縣五結鄉：傳統藝術中心），2006年12月，頁436。

（二）歌仔戲戲迷的熱情付出

上一節主要從報刊資料搜尋歌仔戲演出引起的轟動，以茲證明她的魅力所在。這一節由實際田野調查、藝人親身經歷，來觀看歌仔戲的魅惑力量。

1. 在所愛藝人面前失序

迷文化是一門有趣卻不容易研究的學問，因為觸及深層的心理活動，不容易把迷的「狂熱」由何構成分析清楚。Matt Hills 所著的《迷文化》一書中提及：

> 「迷」（fandom）不是一個可以條理分明、符合邏輯地予以檢查挑選
> 的「事物」（things），它永遠具有表演性質，它是人們所宣稱（否認）
> 的認同，同時它也表現文化活動。〔註49〕

戲迷對於歌仔戲的狂熱，尤其是對坤生的迷戀，有些已是失序的「演出」，而這些失序的行為，多少也見證了歌仔戲坤生的魅惑力量，以下便由一些實際的案例略做陳述。

（1）爭風吃醋

爭風吃醋是台下最常見的戲碼，戲迷朋友經常為了所支持的藝人而彼此暗自較勁，C 小生說了兩種朋友群因對她的在意而引起的風波。

> C 小生：她們也是一個幫我洗衣服，一個燒熱水，一個整理衣服……
> 　　　　就好幾個，比如說妳若洗完澡出來要睡的時候，因為我們
> 　　　　都打地鋪嘛，大家就相爭……她們就先說好，先說在前頭，
> 　　　　反正她們的棉被、席子什麼的，枕頭、被單都幫妳鋪好好
> 　　　　的，就等待我上來睡在她的旁邊……結果有的佔不到位置
> 　　　　的時候，就都走去海邊那兒哭，叫不回來……那時也是有
> 　　　　這樣的啊。
>
> 筆　者：爭風吃醋吧？
>
> C 小生：對對，她們都是朋友她們會這樣……但是她們也會表現得
> 　　　　十分明顯讓人感覺到，不過我會感覺說就只是睡覺而已。
> 　　　　她們怎會這樣呢，畢竟都是粉絲啊，妳要怎麼指定說什麼
> 　　　　人睡我的旁邊啊？這樣她們會認為我比較喜歡那種的啊，

〔註49〕Matt Hills 著、朱華瑄譯：《迷文化》（台北縣：韋伯文化國際出版有限公司），
　　　　2005 年 9 月，頁 xi。

對嗎？比較喜歡那個啊。其實時常這樣啦，很多都是這樣啦。也有一些別團的小旦，來跟我認識做朋友，她也是來看我的戲，然後認識，她是錄音團的小旦，大家認識，大家都很漂亮啊，結果每一個也是都要睡我的旁邊啊。現在我在睡，不可能都睡正正吧，我若翻這邊側身的時候，後面那個會捏我的大腿……沒有關係喔，我其實都跟她們沒關係，就會捏我的大腿。那我就翻過來這邊，換那個就拉、拉、拉我，拉回去。我說奇怪，妳們是吵整夜……那種感覺有沒有？我說台北那個要睡我的旁邊啊，明明兩顆枕頭，她很奇怪，半夜睡睡睡，睡到我的枕頭上來，結果就會在那兒睡不睡，在妳的耳邊吹風（C 小生模仿朋友在耳邊吹氣的樣子）好像我把她怎樣，她在喘大氣，會這樣啊。

J 小生：（笑）她在引起妳的性趣……

C 小生：對啊！〔註 50〕

年屆知天命年歲的 C 小生，演了二十八年的小生，擁有不少戲迷朋友，目前戲迷群以歐巴桑居多，她們經常跟著 C 小生的劇團四處跑、四處看戲，甚至隨 C 小生睡戲臺打地鋪，且為了爭不到睡在 C 小生身邊的位置而使性子落淚，跑到海邊吹風哭泣。C 小生懂她們的心情，只是無法顧全每一個人，畢竟她只有一個人，左右邊只能各睡一個朋友，而且縱使是睡在她身邊的朋友也會為了她比較靠近誰而吃醋。錄音班的演員常是成雙成對的，她們同性情愛的狀況比肉聲班更多的多〔註 51〕。C 小生那次經驗就是被錄音班的小旦「調戲」，在她們確認喜歡上 C 小生後，會比戲迷朋友更直接展開「攻勢」，當睡覺時不

〔註 50〕　受訪者：C 小生。時間：2008 年 1 月 21 日 16：50～16：55。地點：J 小生車上。

〔註 51〕　錄音班同性戀情普遍的狀況，在歌仔戲界幾乎人盡皆知，筆者詢問過好幾個藝人，想知道為什麼錄音班會比肉聲班有更多的同性戀情，她們告知筆者的原因是到錄音般學戲的通常是年輕女孩子，她們不像有婚姻家庭的肉聲班，每次演出結束都會想辦法回家過夜，而是隨之戲班演出四處為家，經常是遊「墓」而居，所以班裡姊妹情感很好，也沒有肉聲班會因表演而鬥爭的情形，因此姊妹間很自然形成一對一對，變成一種傳統，所以縱使現在交通便利許多，演員通常能回家過夜了，同性戀情的風氣依舊盛行。詳見第五章「歌仔戲坤生文化」第三節「坤生與朋友」。

滿 C 小生朝向另一個小旦時，就會直接捏 C 小生，讓 C 小生清楚知道自己忽略了她，甚至故意睡到 C 小生的枕頭上，在她耳邊吹風挑逗她。

不只小生會遇到失控的戲迷朋友，小旦、彩旦也會，一九五五年出生的 A 彩旦受訪時，曾說了年輕時被戲迷朋友騷擾的經驗。

> A 彩旦：妳可知道有時候他們電話一直打一直打，有時候三更半夜
> 來按電鈴，我說：「你是在發瘋嗎？你要死了喔！」我都很
> 兇，我都會罵人。我奶奶就說：「小聲一點啦，不要這樣罵
> 啦！」「他就要人罵啦，沒有用啦！哪有人生成這樣的。」
> J 小生：男人、女人都有？
> A 彩旦：男人、女人都有，「我跟你說，你若不回去睡的話，我不是
> 亂講的喔，我會拿掃把打你喔！」〔註52〕

A 彩旦年輕時因為很紅，所以被嬌寵得脾氣不是很好，不過依舊有很多人「不怕死」地半夜跑去她家按門鈴，讓她火冒三丈，拿掃把想打人。

（2）以自殺為出口

戲迷朋友因爭風吃醋所造成的失禮舉動，藝人有時可以一笑置之，甚至不予理會，但若是「愛」得太深，對藝人太過沈迷無法自拔，付出的情感得不到回饋，某些戲迷朋友就會以自殺來宣洩她的傷痛。

出生於歌仔戲世家的 A 三花，有段時間也反串小生，那時她的粉絲也不少，其中有個戲迷幾乎天天來給她貼賞，而且每次金額高達一、兩萬。

> A 三花：她也是每天來給妳捧場，一萬、兩萬，可以說是每天。
> 筆　者：一萬兩萬？真多呢！
> A 三花：真的！沒有空上三天沒給妳捧場的。
> 筆　者：嗯。
> A 三花：但是到後來思想不同。
> 筆　者：是喔？怎說思想不同？
> A 三花：她給妳捧場後，有那個心態說想……要怎麼說？（笑）
> 筆　者：有的人是會……
> A 三花：妳知道啦！
> 筆　者：會想說喜歡妳，想要掌控……

〔註52〕受訪人：A 彩旦。時間：2008 年 1 月 21 日 17：40～18：35。地點：台南 A
彩旦家客廳。備註：J 小生陪同筆者一起進行訪談。

A三花：啊對對對～

筆　　者：不要讓妳交其他的朋友？

A三花：對對對～比如說我跟我自己的孩子說話，她也會吃醋！

筆　　者：是喔？！自己的孩子耶！

A三花：對啊。

筆　　者：那她自己也有……

A三花：有啊，她也有家庭。

筆　　者：她也有家庭？！（笑）這樣不是很麻煩？

A三花：是啊，很麻煩，給我有一種困擾。朋友給我貼賞，我是很感恩，但是想法是不同，有的是給人感覺說妳做歌仔戲的需要錢的樣子，用錢砸妳。不過我的感覺是說我們也有一種我們的業哀啦，不能說妳今天給賞金或是什麼，我就都得聽妳的，這樣感覺就不是很好的朋友，對不對？

筆　　者：嗯。妳遇到這樣的要怎麼處理？

A三花：遇到這種狀況，我是感覺說不一樣的情形下，人家有家庭，我也有跟她說得很明白，我不要破壞妳的家庭，我不要這樣，我不要做這種事情。

筆　　者：這樣說她就是有跟妳告白？

A三花：有有有。

筆　　者：她跟妳告白？

A三花：對啊，就還跟妳恐嚇用什麼啦，有這種手段啦……

筆　　者：有恐嚇的？

A三花：有！

筆　　者：她怎樣對妳恐嚇呢？

A三花：曾來家裡要自殺做啥做啥有的沒的這樣！

筆　　者：嗯。

A三花：所以我感覺說這種的可以慢慢離開，慢慢離開，到後來我有孫子了，我就回來我家，慢慢閃，慢慢閃，閃到現在就大家正式疏遠，這樣。〔註53〕

〔註53〕受訪者：A三花。時間：2008年1月23日14：10～15：15。地點：A三花家中客廳。

金錢、情感的付出，讓 A 三花的朋友越陷越深，她跟 A 三花都各自有家庭，但她逐漸地無法忍受 A 三花對別人的好，甚至嫉妒 A 三花的孩子能那麼親近 A 三花，她跟 A 三花表白，但是 A 三花不能接受變調的友誼，她不想破壞別人的家庭，也不想傷害自己的家人，所以拒絕當朋友的情人。這讓深陷泥淖的朋友崩潰，以自殺來恐嚇 A 三花接受自己的情感，不過沒想到反而讓 A 三花下定決心要採取慢慢疏離的方式遠離她。

　　J 小生也遇過幾個朋友為她鬧自殺的狀況，J 小生說：

> 那個女生比較極端，一直希望跟我交往，我們都只有電話聯絡而已，就互相找啊，吃飯啊，她一直靠過來一直靠過來，結果我不要，她就鬧自殺。我嚇到，趕緊換電話，不敢跟她聯繫。圓圓也是，圓圓更加嚴重，圓圓我跟妳說過，圓圓也是，小天也是。（筆者問：也會鬧自殺嗎？）（J 小生笑）她又更極端，她住十幾樓，有一次她想往下跳，我快氣死了，那時我跟 E 小生在一起了。她反對，她不要我跟她交往。〔註 54〕

圓圓跟小天現在依舊是 J 小生的朋友，她們的交情已經一、二十年了，度過那段為情所困的歲月後，圓圓跟小天都逐漸接受當朋友會比當情人來得長久的觀念，她們跟 J 小生成為挺好的姊妹淘，可以分享彼此的心情與情感。

（3）小生與尼姑

　　在田野訪談的過程中，有一個頗為震撼的案例，那就是某個尼姑非常迷戀歌仔戲坤生，前後至少跟兩位女小生交往過，其中一位還是屏東頗負盛名的藝人 K 小生。（詳參附錄七：K 小生的故事）K 小生說：

> 我不知道她是怎樣出現的，因為有一天她忽然打電話給我，說：「妳是 K 小生嗎？我是□□宮道□的妹妹。」我說：「喔，妳是誰？」她說：「我是道□師」。我說：「我不認識妳。」她以前的家族是在搭戲棚的，因為她的大姨九歲時就離開他們家，就去□□寺，後來他們都叫那個大姨叫師父，他們師父的師父就把□□寺傳給她大姨，她家因為她大姨的庇蔭之下，好像有一句話是說：一人的身份蔭九代這樣子，她大姨真的很正派，但是遇到她……大家都受不了她，就是因為……〔註 55〕

〔註 54〕 受訪者：J 小生。時間：2008 年 4 月 5 日 14：00～17：30。地點：台南樂活 515 餐廳。

〔註 55〕 受訪者：K 小生。時間：2009 年 12 月 24 日 14：45～16：45。地點：K 小生家客廳。備註：K 小生受訪時，其行當為小旦的妹妹也在旁，有時會補充幾句。訪談後半，圓圓和 B 三花也進屋參與討論。

尼姑很欣賞很戀慕 K 小生，而 K 小生會與尼姑陷入情感牽扯就是導因於 K 小生的姑姑過世後，那棟 K 小生長期繳款、姑姑名下的房子變成二哥、妹妹的，因此 K 小生不願繼續繳納貸款，而她的手足也沒繼續繳款，法院寄來即將查封的通知書。K 小生說：

> 人家要來查封了，就是那天道□師打電話來，她說：「我好像夢到妳家有事情！好像是房子的事情。」我覺得她怎麼這麼厲害，我說：「對啊，農會要查封我們的房子，不然要繳四百二十萬。」她說：「不然我現在到妳家。」她就來我家，我二哥就說：「五個兄弟姊妹在這兒明說，誰要這間房子的話，比如說四百二十萬要給農會，另外要拿二十萬給另外四人，一個二十萬，總共要拿五百萬出來。」道□師在旁邊說：「妳跟妳哥哥說好。」我說：「我為什麼要說好？」她想買給我的就對了。我說：「這錢誰要拿？」她說：「沒關係，我拿給妳。」我二哥叫□□□，去跟農會說，還可以省一筆十五萬多，這錢是不是我二哥拿的我不知道，當然要我二哥跟我妹妹寫拋棄繼承書，才能過戶我的名字。那時候我跟道□師也有簽一個草約，我寫說：「因為我某某人跟誰借五百萬，一個月還三萬元本金，一萬的利息……她開始說利息不用。等貸款出來後，再還多少。」〔註56〕

K 小生原本以為她遇到一個純粹戀慕她且願意資助她的出家人，誰知這位尼姑欲以金錢來掌控她所愛戀的人，且不顧世人的眼光，大膽地穿著道服、光著頭髮，斜靠在 K 小生肩上一同逛百貨公司。

> K 小生妹：她就是愛我姊姊，非常愛非常愛非常愛，（K 小生笑）妳看去 SOGO 逛街喔，（K 小生的妹妹拉 N 小生做示範）妳想想看嘛，她是沒毛的，我有頭髮，她逛街那麼多人，一層樓一層喔，她一定要這樣黏在一起，她的頭一定要貼在我姊的肩上（K 小生笑）。
>
> 筆　　者：她穿什麼衣服呢？
>
> K 小生妹：尼姑的衣服。
>
> 筆　　者：是喔。

〔註56〕受訪者：K 小生。時間：2009 年 12 月 24 日 14：45～16：45。地點：K 小生家客廳。備註：K 小生受訪時，其行當為小旦的妹妹也在旁，有時會補充幾句。訪談後半，圓圓和 B 三花也進屋參與討論。

　　K　小　生：但是她的錢真的多得很，很多很多。

　　筆　　　者：她就是會一直貼賞嗎？還是？

　　K 小生妹：她就是要求只有她，她（指 K 小生）不可以有任何的朋

　　　　　　　友。〔註57〕

尼姑以她雄厚的資產爲本錢和 K 小生交往，她希望 K 小生只在意她一人，不要有其他的朋友，而 K 小生自然不可能如她所願，這時尼姑就以催討借款爲手段，希望 K 小生能順著她的意，不要再惹她不開心。

　　K　小　生：道□師跟我說：「K 小生，有一筆伍十萬人家要討了。」我

　　　　　　　說：「誰要討五十萬？那怎麼辦？」她說：「不然我幫妳跟

　　　　　　　人家借借看，但是要有利息的。」

　　筆　　　者：可是是誰要討那五十萬？就是她拿出來那五百萬是……

　　K　小　生：對對，這都是她自己在編的，都是她自己在說的，這是我

　　　　　　　後來自己才體會的，覺得自己很白癡。就是因爲這樣，每

　　　　　　　件事都要順她的意，不順她的意，她就打電話說：「誰要討

　　　　　　　一百萬了！」一直寫本票給她，寫完後，她那邊好像每天

　　　　　　　都要演戲，剛開始演戲還會給我戲金，後來就說：「我扣下

　　　　　　　來好了。」扣下來我這些演員的薪水怎麼辦？我要自己拿

　　　　　　　錢出來付，還有扮仙剛開始一張是五百，後來一張降爲兩

　　　　　　　百，她那邊每次都要扮《三仙會》，《三仙會》每次就都要

　　　　　　　出四個小生、六個小旦，還有猴子，扮仙還不可以扮太快，

　　　　　　　我對演員也要有交代啊，就是因爲這樣子，我就跟自己說

　　　　　　　不要再跟這個人糾纏了。

　　筆　　　者：她有要求妳一定要跟她在一起嗎？

　　K　小　生：一開始沒有。

　　筆　　　者：後來借完錢就這樣要求？

　　K　小　生：她也沒這樣明講，我們裡面的阿雲姨才會說：「道□師是要

　　　　　　　找妳跟她怎樣是嗎？妳就跟她怎樣就好了。」我說：「妳神

　　　　　　　經囉！」結果因爲這樣才會借那些錢，這些劇碼不斷地發

〔註57〕受訪者：K 小生。時間：2009 年 12 月 24 日 14：45～16：45。地點：K 小生家客廳。備註：K 小生受訪時，其行當爲小旦的妹妹也在旁，有時會補充幾句。訪談後半，圓圓和 B 三花也進屋參與討論。

生，居然房子還變更成她的名字，她說：「妳本來就是要給
我抵押的東西啊，不然我們那麼多錢借妳！」當初她不是
這樣講的，後來就隨便了，因為是我們跟人家借錢，我們
對沒有頭髮的人沒有戒心嘛。那時候我就是一直演，一直
還，我媽後面一直跟人家借錢，我就一直演一直還，她一
直借，我不知道她是借怎樣的……〔註58〕

K 小生跟尼姑的關係有些撲朔迷離，耳聞這位尼姑後來也與 C 小生有過牽扯，
但就不曾鬧出這些風波，只知她跟 C 小生有交往，而 K 小生自言她後來為了
讓尼姑對她死心，她故意跟一位男人結婚。

筆　　者：所以後來妳因為這樣才結婚的嗎？

K 小生：不是。

筆　　者：妳之前都是交女性的朋友嘛，妳什麼時候才發現自己的性
　　　　　向是喜歡女生的？跟演戲會有關嗎？

K 小生：都是因為環境，因為我要撇開那些，其實那次也算是假結
　　　　　婚，然後我想毅然決然……我是拿錢拜託對方跟我結婚，
　　　　　不過沒入戶口，那次就是為了讓道□師對我很灰心。

筆　　者：為了那個尼姑？

K 小生：嗯嗯，因為我覺得我很愛我們這個家庭，民國九十六年農
　　　　　曆十月八日開刀，進去開刀，我在醫院，頸部長了一顆骨
　　　　　刺，那時候我幫我媽媽背負的債務很多很多，每天都要給
　　　　　人家錢，每天都要給人家錢，我都跟別人說：「不能再借錢
　　　　　給我媽了喔。」我媽說她不會借了，我在醫院開刀怎麼講
　　　　　話，我要她來醫院跟我拿錢，我拿錢給她，本票拿回來這
　　　　　樣。一直還到現在，我媽媽的部分，算我要替她還的部分，
　　　　　我有寫過本票，換她本票回來的部分，只剩下一個三萬五，
　　　　　其餘的都是我跟道□師的部分。我跟她的部分，她有辦法
　　　　　去法院告我啊，她就沒辦法啊，她就把票拿給道上的兄弟
　　　　　跟我討，那時候我是被我媽煩到每天吃安眠藥，開始十顆
　　　　　吃下去、二十顆、三十顆、五十顆……

〔註58〕　受訪者：K 小生。時間：2009 年 12 月 24 日 14：45～16：45。地點：K 小生
　　　　家客廳。備註：K 小生受訪時，其行當為小旦的妹妹也在旁，有時會補充幾
　　　　句。訪談後半，圓圓和 B 三花也進屋參與討論。

筆　者：那等於是自殺的行為。

K 小生：對啊，我想死啊，每天都聽我媽……我幾乎有兩年的時間都在我房間裡，每天都想死，覺得人生很沒意義。其實我會跟某個人在一起都是被環境所逼的。

筆　者：妳講的是先生，還是女朋友，還是那個尼姑？

K 小生：那都只能算朋友而已啦，也稱不上什麼先生，什麼……

筆　者：反正你們就是假結婚這樣子。

K 小生：對啊。

筆　者：所以很快又離婚了？

K 小生：沒有啊。

筆　者：沒有離婚？

K 小生：就……因為他是來我家的嘛，然後他看到我家這個情形，他也是覺得很不耐煩啊，就跑掉了。

筆　者：所以你開始並沒有住在這裡？也沒有離婚？

K 小生：我們根本沒登記什麼啊。

筆　者：沒有登記，喔喔喔。

K 小生：沒有啊，就只是一個儀式而已。

筆　者：所以那個尼姑有因為妳結婚這件事，然後就……

K 小生：她就把那個票拿給道上的兄弟，叫道上的兄弟來跟我討債。像現在一個月也都要還她三萬，我也是跟她說不能跟我拿利息，她利息跟我拿太多了。結果一個朋友到現在已經四年多了，從我三十五歲到現在了，還還還，還到現在差不多一百九十七萬吧，因為這樣每個月都要還那個尼姑的錢，還有房貸的錢，還有之前我幫我媽背負的錢。現在我媽的錢也快還完了，她現在又冒出一個，我不知道是多少，就受不了我這個媽媽。我覺得我很愛我的媽媽，也很愛我的兄弟姊妹，但是他們每個人都這樣對待我，我也想不通。〔註59〕

〔註59〕受訪者：K 小生。時間：2009 年 12 月 24 日 14：45～16：45。地點：K 小生家客廳。備註：K 小生受訪時，其行當為小旦的妹妹也在旁，有時會補充幾句。訪談後半，圓圓和 B 三花也進屋參與討論。

K 小生說她是拿錢拜託對方跟她假結婚的，不過在結束訪談回程的途中，曾戀慕過 K 小生且曾跟她同住的圓圓告知筆者，當初 K 小生的先生要離去時，K 小生非常傷心，圓圓認為 K 小生是真的愛著那個男人，且以女友特多聞名的 K 小生其實暗地裡跟三位男子有過往來，只是她對那些男子十分保護，不像其他女友般公開。當圓圓訴說她的所知後，開車的 B 三花突然有所感，她認為會不會 K 小生真正愛的是男人，而那些鶯鶯燕燕都只是她為了戲班存活而與她們締結關係？B 三花的體悟若是真的，那 K 小生其實活得十分艱辛，就像她所說的「其實我會跟某個人在一起都是被環境所逼的。」她現在的戲班演員有些是欣賞她、眷慕她的女友人，從看戲的觀眾變成台上演出的演員，目前大夥都同住在一起，像是一家人，但圓圓跟 B 三花都認為這是戲班班主兼當家小生難以推卸的責任，以自己個人的魅力留住演員，好讓戲班繼續運作下去，像是一家人的溫馨背後有著沈重的心靈枷鎖。

2. 戲迷的真誠付出

戲迷對偶像的追逐可能是狂熱的、失控的，但也有許多人只是單純地付出，且數十年如一日，只是真真切切對一個人好，當然或許在過往的歲月中也曾「失控過」，但通過現實考驗後，一切又回到「看山是山」焠煉過的單純心境，這樣的案例也不少，就像小天對 J 小生的情感。以下便就訪談所得，略舉幾個例子。

（1）案例一：視同己出

出生於一九五五年的 B 彩旦年輕時曾有過風光的演藝事業，支持的戲迷朋友也不少，其中有一位叫做阿香，從看戲的觀眾變成情同姊妹的好友，連她的父母都對 B 彩旦視同己出，沒有那個年代看不起戲子的習氣。

> B 彩旦：我有姊妹群一個叫阿香仔對我真好，那個真正非常好喔，
> 　　　　我那時候……反正就是我的朋友，不管我要清靜還是什
> 　　　　麼，我不用怕跟不上別人，有這個我就「擋萬山」啊。
> J 小生：這個算普通朋友而已？還是知己的朋友？...
> B 彩旦：知己的朋友。
> J 小生：還是哪像身邊的親密的朋友？
> B 彩旦：親密的朋友，不過她純粹不是太妹。（太妹在當時指 T）
> J 小生：人純粹是生意人啦。
> B 彩旦：她純粹是住家的查某囝仔出來的。

J 小生：喔！

B 彩旦：她家開酒家嘛。

J 小生：啊對妳很捨得就對了？

B 彩旦：喔！非常捨得！死人骨頭都……啊那時候我不會想，我們兩個都不會想，那時候是賺錢像在賺水，不曉得要買房子，不曉得要添購東西。

J 小生：現在就沒有了？

B 彩旦：沒有了，現在去台北了，大家都嫁人生子了啊！

J 小生：交往到後來也是嫁人生子。

B 彩旦：嘿，不過她嫁人的時候是我跟她說的。我說妳要嫁，因為她那大家族嘛，未必然喔，妳無嫁的話，妳兄弟姊妹喔……因為像妳說的，妳老爸可以接受我這個做戲的，又把我當作女兒那麼親近，妳知道嗎？若是過年時，她老母就當女兒中我有一份，甜粿、鹹粿、肉什麼都一定給我一份，拿回來拜拜。

J 小生：那這樣很好啊。

B 彩旦：嘿，我說妳一定要嫁，妳嫁後……

J 小生：妳不會捨不得喔？那個對妳那麼好！

B 彩旦：哪會不會捨不得！捨不得完後，人家她先生又很疼我，妳知道嗎，她嫁換到我嫁，我的孩子都是她帶回去養，我都沒有煩到孩子的事。

J 小生：我感覺他們這一輩這種狀況比較多，反而都走得比較長久。

筆　者：會什麼會這樣？

B 彩旦：我都沒煩到孩子的事，也都不用花錢，花奶粉錢，也都不用花讀書錢……啊我們兩個若是在吵嘴，那她就說：「孩子給我帶回去喔！我不要幫妳顧了，我沒義務照顧！」馬上她先生就打電話：「我跟妳說，妳們兩個吵架是吵架，發瘋歸發瘋，妳孩子不可以給我帶回去！妳若帶回去，妳做戲什麼人要顧？要做無人的嗎？」她先生還這樣呢，真正非常疼，不過她先生早死……說真的，我想到他，我真的很捨不得。〔註60〕

〔註60〕 受訪者：B 彩旦。時間：2008 年 1 月 21 日 17：40～18：35。地點：台南 B 彩旦家客廳。備註：J 小生陪伴筆者一起進行訪談。

阿香很喜歡很支持 B 彩旦，在適婚年齡時，B 彩旦就鼓勵阿香去結婚，雖然她心中很捨不得一個那麼支持自己的朋友離她而去，但她希望阿香有個幸福的未來，所以她寧願台下少個會貼賞的朋友。或許是以心換心吧，阿香結婚後，她的先生也當 B 彩旦是個好友，甚至在 B 彩旦結婚生子後，幫忙她扶養、照顧小孩，讓 B 彩旦可以專心四處演戲，而且在 B 彩旦與阿香鬥氣吵嘴時，阿香的先生都會跳出來說：「妳們兩個吵架是吵架，發瘋歸發瘋，妳孩子不可以給我帶回去！妳若帶回去，妳做戲什麼人要顧？」疼愛之情溢於言表。

（2）案例二：愛心便當

電視、劇場、外台三棲的 B 小生，擁有不少戲迷朋友，在吃齋唸佛後，茹素的需要多少為她帶來一些不便，因為戲班通常是吃大鍋飯，很難為某個人煮素齋，而某個看戲的媽媽得知狀況後，毛遂自薦開始負責 B 小生的餐點。

朋友 1：我們有一個姊姊，她是屬於……也不是什麼乾媽之類，可是她只要 B 小生有演戲的時間，每天的餐都是她在做的，就是她（指 B 小生）出外演戲，她都不需要擔心說我等一下要去買便當或是怎麼樣，我相信她要吃很容易，隨便嘛都有，可是有一個太太，也不是她的乾媽，她每天要去看戲，一定先把那個晚餐準備好，然後帶過去看戲，然後她演完戲就給她吃，而且她是為了她去學做素食喔……

J 小生：專用御廚喔。

朋友 1：對對對。

B 小生：颱風天也是同樣準備。

朋友 1：她連颱風……有一次就颱風啊，大家都沒有去看，B 小生也說：「颱風天妳們不要出來，這樣很危險」雖然有人住那邊很近，但是她也不要我們出來，「而且我也不知道多久回去，所以為了安全起見，妳們不要出來。」結果大家都沒出去嘛，結果我跟那個姊姊聯絡：「今天 B 小生姐有演喔！然後好像還在那邊喔」「喔喔喔，趕快，我要趕緊來煮飯……」她就去煮飯，她自己一個人喔……

J 小生：那她跟妳差不多多久了？

朋友 1：四、五年。

筆　者：都沒有間斷過？

朋友 1：沒有沒有，除非有一個情況……（不小心被 B 小生打斷）

B 小生：她本來是……都是朋友，朋友跟在我們身邊，都會幫我們去買嘛，因為我吃素，跟他們比較不方便（指跟戲班一起用餐），所以都會幫我出去買，要不然就是朋友在戲要結束的時候，去哪裡買進來，那這個大姊她是說：「妳這樣比較不方便，不如……」她幫我準備一下，她都會幫我煮，那冬天就怕太快冷嘛，她就看將近什麼時間煮來，還熱熱的這樣……都滿有心的，好幾年了，連花蓮都過去……花蓮！我們公演都會有便當嘛，大家都會叫便當，她說：「便當不要吃，我幫妳弄了，熱熱的……」〔註61〕

這位有心的媽媽，不僅為了 B 小生去學做素食，還算準時間做好餐點，讓 B 小生能食用熱騰騰的飯菜，四、五年從未間斷。只要 B 小生出來演戲，她就大展身手，不管是颱風天，或是花蓮等遙遠地方，都無法將她的愛心打退。

（3）案例三：傾囊相伴

E 小生有個很忠心的朋友小美，她自從看戲喜歡上 E 小生後，不畏路途遙遠，只要一得空，便從高雄趕去台中接送 E 小生四處演戲，後來甚至辭掉她會計的工作，專心協助 E 小生的事業發展。

E 小生：她們都整群來看戲，她們都買一些……孩子嘛，二十幾歲，啊不是！二十左右啦！我還記得她買兩尊不倒翁，一個男的，一個女的，一個白的，一個紅的，（笑）整個都是鑲珍珠的尪仔，不倒翁那種，要來送我這樣啊。那之後就是跟我……我在台中，她都跟我去台中嘛，有時候就請假跟我去做歌仔戲，幫我折衣衫，幫忙這樣，好幾年……

J 小生：她住在台中喔？

E 小生：台中？沒有啦，她住在鳥內啦，高雄縣啦。我是來她們那鳥內演歌仔戲，她看我的戲認識的，認識之後，後來我在台中住別人的團，她若休息都會開車載我去演歌仔戲，幫我的忙這樣啦，幫忙到自己整班的時候，她就幫我折衣服

〔註61〕受訪者：B 小生。時間：2008 年 1 月 26 日 16：30～17：30。地點：台北御書園。備註：J 小生與筆者一起訪問 B 小生，而在受訪前，B 小生先跟兩位友人約在御書園談天，訪談進行到一半，B 小生喚來兩位友人一起受訪。

啦，啊一個好好的會計不做（笑），工廠不做，就跟我折衣服、折衣服，做歌仔戲這樣（笑）這種也是朋友，知己的朋友。

Ｊ　小生：跟到現在幾年？二十五年？

Ｅ　小生：有喔，還沒有整班之前（指Ｅ小生還沒開始自己組團之前）。

Ｊ　小生：差不多幾年？

Ｅ　小生：我整班二十一年啊，二十七、八喔！二十七、八年了吧？二十七、八年有吧。

Ｊ　小生：二十七、八年，那她是不是愛妳，要不然怎麼不嫁人？

Ｅ　小生：（笑）

小　　美：說那個……

Ｊ　小生：（對小美說）那妳不要嫁人，欣賞她嗎？！

小　　美：我不要嫁人……

Ｅ　小生：不是啦，我補充一下，因為她也是（笑）長得不太好看，嫁不出去（笑），我補充一下……沒有啦，說正經的啦，她本身也是不要嫁吧？（問小美）喂，是這樣嗎？現在是要訪問我，不是要訪問妳……（笑）

Ｊ　小生：她是很死忠的朋友。

Ｅ　小生：對啦，這就是算知己的啦，知己的好朋友，又幫我，來家裡幫忙，到了我整班的時候，那時候缺少很多錢，她把她所有的金子，都拿去賣掉……這有啊，真的啊，她把她所有的黃金，多少我現在是忘記哩。

筆　　者：多少啊？當事人在這……

Ｅ　小生：她頭腦不比我好。她將所有的黃金都賣掉，拿來幫我的忙，我不知有沒有還她，（笑），我忘記啦，我忘記哩。〔註62〕

從相識到現在已近三十年，小美沒有嫁人，她一直默默守在Ｅ小生身邊，在二十二年前Ｅ小生欲自己組團創業時，小美沒有絲毫考慮，將她所有的金子都典當換成金錢給予Ｅ小生創業。其貌不揚且有些骨瘦如柴的小美乍看之下不太起眼，但相處久了之後會發現她真是一位對Ｅ小生死忠到極點的朋友，

〔註62〕受訪者：Ｅ小生。時間：2008年1月23日01：10～02：20。地點：Ｊ小生家客廳。備註：Ｊ小生與筆者一起訪問Ｅ小生，在座的還有Ｅ小生兩位友人。

她經常抱著戲班供奉的田都元帥進進出出，幫 E 小生掌管團務、財政，也幫忙說戲、做戲服。從 E 小生的言談中，多少也感受得到小美跟她非凡的情誼，有次 E 小生不滿小美病了也不去看醫生，邊碎念邊拿錢逼小美去看醫生的 E 小生，關心之情在言談、表情中一顯無遺，傾囊相伴的小美，換得的也是 E 小生的眞心相待。

　　不管是失序的表現，或是眞摯的付出，戲迷朋友對歌仔戲藝人的瘋迷和癡守，在在顯示出藝人的魅惑力量是不容小覷的。另外還有一個現象也能說明藝人的影響能力，那就是好幾位受訪藝人都表示她們會走入這一行是因為喜歡某一位歌仔戲坤生的緣故，如 F 小生、G 小生、I 小生、N 小生。F 小生原是藝霞歌舞團倒數第二期的學員，因喜愛屏東某歌仔戲小生而至其劇團客串演出，後來便正式踏入這一行；G 小生是在國中時期喜歡上歌仔戲，尤其欣賞小生的表演，後來某位帥氣坤生的舞台魅力，讓她決定效法，希望自己有朝一日也能在舞台上發光發亮，經過多年的努力，目前的她在某知名歌仔戲劇團分團當任小生，算是已實現她當初的夢想；I 小生在十七歲時至她欣賞的劇團學戲，二十一歲時便自己組團整班，擔任當家小生；N 小生（即圓圓）出生於歌仔戲世家，但她並不喜歡歌仔戲，直到有次看到某錄音班坤生而被吸引，才開始到那位坤生的戲班學戲。這幾位小生的最初的從藝原因皆是受歌仔戲坤生表演藝術的吸引，這也彰顯歌仔戲坤生的舞台魅力不容小覷。

第三節　歌仔戲坤生的表演美學

　　何謂歌仔戲坤生的表演美學？也就是以她一個女演員而言，如何在舞台上透過妝扮、唱唸做打等表演手段，呈現出一個具有魅力的舞台小生形象。在本章第一節的第二部分「舞台扮裝表演」，曾對坤生的性別與表演略做探討，在這裡要進一步析論坤生的表演美學。

一、虛實交錯、雌雄同體的表演美學

　　對歌仔戲坤生來說，她們的演出就是一種虛實交錯、雌雄同體的表演，不論是在容妝外型的打造上，或是進入角色的情感傳遞上，歌仔戲小生在表現男性角色的同時，又透顯屬於女性的情感傳遞和妝容氣質，且歌仔戲生旦妝扮的差別，遠不如京崑等其他劇種生旦的差異，體現出一種男女交錯、雌雄同體的審美觀。

（一）透過妝扮的「擬似」與真實的「落差」造成吸引力

在化妝上，與其說小生跟小旦有哪些不同，不如說小生跟小旦的妝容相似處比相異處更多。生旦、男角女角的差異只在於眉毛粗細的分別，粗者為生、細者為旦，而不論生旦皆會戴上長長的假睫毛，內台時期甚至「無論小生、小旦都喜歡在額間髮際畫上所謂的『桃仔』（美人尖）。」〔註63〕，例如小天龍（本名鄭鸞雪）、沈素蘭（素蘭歌劇團團長兼小生）、盧春蓮（勝蓮社團長兼小生）、洪明雪、玉輝堂（本名王鳳玉）、小貓（本名吳錦桂，小貓歌劇團團長兼小生）、呂美鳳、戴玉秀等坤生，〔註64〕廣播、電影歌仔戲的坤生，如謝月霞、柯翠霞、小杏雪（本名簡秀規）也會畫上「美人尖」。〔註65〕早期外台歌仔戲部分坤生依舊維持畫「美人尖」的習慣，但以自然為原則，不若內台時期那般誇大的畫法，不過目前公演戲因為戴頭套的關係，頭套本身就有美人尖的造型，所以演員不太會再另外畫上美人尖，至於多是自己梳頭的民戲演出，目前也只有少數人如郭春美等會特意再畫上美人尖。

歌仔戲生旦妝容的差異隨著坤生文化的結果越來越小，早期部分坤生還會仿京崑小生畫法，文生在眉宇之間畫個圓拱型的紅痕（京劇稱為「過橋」），武生則畫倒 V 的紅痕（京劇稱「衝天紅」）以彰顯男子英氣，後來坤生逐漸不這麼畫了，如此一來，生旦妝容的差異就更加不明顯了。而近年來受流行彩妝的影響，胡撇仔戲中的小生會在眉心彩繪圖案，或貼上亮晶晶的小水鑽，其豔麗模樣直逼小旦妝容。

至於髮式算是生旦間比較明顯的區別，一般小旦可能採取戴頭套，或是梳頭方式，以一個個髮團堆疊出繁複樣式，再插上整組的珠翠髮飾，或是沿襲京劇旦行「梳大頭」〔註66〕；而小生會戴小生的頭套，再插上幾支髮簪、做點造型，或是戴冠，或者「打黑巾」〔註67〕戴盔帽，或者梳「都馬頭」——

〔註63〕　葉玫汝：《臺灣外臺歌仔戲人物造形藝術研究》，臺北藝術藝術大學戲劇學系碩士論文，2007 年 2 月，頁 22。

〔註64〕　參見林鶴宜、蔡欣欣：《光影、歷史、人物：歌仔戲老照片》（宜蘭縣：國立傳統藝術中心），2004 年 10 月，頁 38、43、48、51～52、57、59～60、63、70 之劇照。

〔註65〕　參見林鶴宜、蔡欣欣：《光影、歷史、人物：歌仔戲老照片》（宜蘭縣：國立傳統藝術中心），2004 年 10 月，頁 84、92、105～106 之劇照。

〔註66〕　所謂梳大頭指將頭髮挽在腦後成髻，然後勒頭帶、貼片子、戴上線簾子、扣上假髮、戴頭面等等。

〔註67〕　一般先戴髮網圈住頭髮，然後以長布巾勒頭。

一指腦部後面戴半頂假髮，前端自己梳頭，上端再飾以髮包或髮片，最後也是插上幾支髮簪，或是戴冠。演胡撇仔時就可能不戴頭套，也不梳「都馬頭」，而以真實頭髮見人。因此在髮式造型、頭飾妝點上，生旦有了較為明顯的區別，不過歌仔戲小生相較於京崑小生而言，他的頭飾還是偏華美繁複。又如服裝配件，公演戲或劇場的演出，歌仔戲在服裝的要求上會明顯不同於外台民戲的演出。O小生以他演員身份分析歌仔戲服飾的美感追求：

> 筆　者：那你可以說一下公演跟外台不同的審美觀嗎？比方說戲服。
>
> O小生：衣服比較精緻。
>
> 筆　者：怎麼個精緻法呢？
>
> O小生：就是布料的……就是不會穿亮片的啦，不會像外台會穿整件都是亮片的，俗斃了。（笑）
>
> 筆　者：可是在外台就是覺得那種才好看。
>
> O小生：對啊，這就是外台跟公演的觀眾不一樣。（笑）
>
> 筆　者：可是是同一批人啊？
>
> O小生：是啊，雖然是同一批人，但是會覺得今天是公演戲，你穿這件衣服跟外台戲不一樣。我覺得是衣服的材質跟樣式有差，樣式會跟著朝代走，扮相也是。〔註68〕

外台民戲演出，整體服裝風格會偏向華麗俗豔的風格，加亮片、鑲水鑽，讓整件戲服「金光閃閃」，觀眾會覺得那有種閃亮明星的光環，十分顯眼刺目。而當進劇場或是做大型公演的演出，可能有一大半觀眾是同一批人，可是他們對於公演戲的服裝要求就會不一樣，不論是在衣服的質材上，或是樣式的設計上，配件的選擇上，公演戲通常會捨棄亮片的搭配，不走俗豔路線，是一種格調的要求，所以公演戲碼的服裝相較於民戲的服裝顯得精緻許多。那時候的生旦妝扮，會比較靠近劇中角色的真實性別，也就是旦就是旦，生就是生，會讓非歌仔戲族群的觀眾容易藉由服飾區分劇中男角與女角的差別；而民戲演出，會追求一種團體感，不管是在化妝或是服飾上都是如此。O小生繼續以他演員兼觀眾的身份分析歌仔戲妝容與服飾的追求美感：

> 筆　者：小生跟小旦的妝容差別只在眉毛？

〔註68〕受訪者：O小生。時間：2009年12月22日14：00～15：45。地點：台南市文平路那堤咖啡。

O 小生：（笑）好像只在眉毛耶，眉毛不一樣而已。眼睛的部分，大
　　　　部分的劇團都會化團體妝，所以幾乎顏色都是一樣的，眼
　　　　線啦什麼都是一樣的，就只有眉毛不一樣。

筆　　者：為什麼會形成團體妝？

O 小生：就比較團體啊，比如說你這個團，不要說每人各化一個顏
　　　　色，這樣會不統一，像春美那邊也是團體妝啊，你不覺得
　　　　眼線都一樣？

筆　　者：我只覺得明華園眼影都會加黃色的。

O 小生：對對，明華園他們也是團體妝啊，他們那個就是團體妝。

筆　　者：那不就跟服飾一樣囉？我有時候覺得在台上，同台的演員
　　　　就都穿同色系的，甚至是同樣款式的，有沒有？不是有這
　　　　種習慣？

O 小生：有有有，有的會配色，那是算團體，團體色。

筆　　者：好像感覺歌仔戲的審美觀，她們覺得這樣才是好看，舞台
　　　　上是整體的。

O 小生：其實這是在外台戲好看，像公演的話這樣就很奇怪。

筆　　者：對，好像外台歌仔戲有這樣的傳統，就覺得一定要這樣子。

O 小生：對啊，可能是觀眾會認為……比方說我曾去當觀眾，我去
　　　　看戲，我看到台上都是穿同色系的衣服，我會覺得這班的
　　　　服裝……很捨得買，很捨得花，會覺得這班很有團體性，
　　　　很合作。如果以我觀眾的角度我會這樣想，因為我曾看過
　　　　這樣的情形嘛，我在台下我會覺得這班不錯，這種感覺。
　　　　但是若是公演戲穿團體裝，瘋子！台下會說你是都沒在分
　　　　的喔！（笑）像河洛都穿得很樸素，但是河洛都是靠唱腔、
　　　　身段，他們是不靠服裝的。〔註69〕

民戲在戲金不多的狀況下，劇團自然不可能像演公演或進劇場演出那樣，盡
量符合劇場觀眾精緻的審美要求；民戲演出，不論在妝容或是服裝上都會追
求「團體妝」、「團體色」，這樣的話會給予台下觀眾一種「整體感」，在視覺
上覺得比較美觀，會覺得這個戲班是用心的、有規劃的，因此民戲演員的妝

〔註69〕 受訪者：O 小生。時間：2009 年 12 月 22 日 14：00～15：45。地點：台南市
　　　　文平路那堤咖啡。

容和服裝，會出現一致的眼影、腮紅、口紅顏色。同台演出的演員服裝也會「配色」，比方全穿黃色系、紫色系、藍色系等衣服，而生旦更會穿起「情侶裝」，不只是同色系，連款式都相同，只差在裡面那件戲服，小生是長衫式的，小旦是連身洋裝裙，但是再加上外面那件戲服後，觀眾幾乎就看不出有何差別。如同一般坤生那般經常增添戲服的 G 小生表示這是要獲得認同的基本自我要求：

筆　者：那妳們做衣服的時候會跟小旦一起做嗎？

G 小生：也會，就是妳們演一對的，這台同台的，會說我們穿一樣的衣服出去。

筆　者：會所有的人都穿一樣顏色的？還是只有小生小旦會穿同套的？

G 小生：所有人也是有啦。

筆　者：現在的班會比較要求這個嗎？還是說只有小生小旦有要求而已？

G 小生：就是我們同事自己要求，小生跟小旦比較有同台演出，就會做幾套一樣的。

筆　者：那通常是小生說要做？還是小旦說要做？

G 小生：當然是小生比較有主見，會說我們要做什麼一樣的，因為小生就是一齣戲裡面的重頭角色，所以也是有負擔，也是有壓力，做不好我也會感到很自責。

筆　者：那觀眾對於妳們的服裝也會有要求嗎？

G 小生：觀眾也會，他們會說：「你們這班服飾好漂亮喔！」妳穿越亮……妳做貧窮的一定不可能穿很亮，若演其他角色穿很亮，他們會說：「好漂亮喔！」我們一套衣服都是兩三萬塊。

筆　者：就是也會因為觀眾這樣要求，所以妳就要一直做衣服。

G 小生：對，要換新換新地做。

筆　者：他們的審美觀……

G 小生：本身又愛漂亮的。

筆　者：（笑）愛漂亮是每個人都愛漂亮。

G 小生：嗯，都有啦。像廟會請你們的也會要求啊，他們也會說：「你們這一班戲服這麼醜，你們的布景……」也是什麼都要注重，所以很辛苦，所以真的很累。〔註70〕

〔註70〕受訪者：G 小生。時間：2009 年 12 月 23 日 15：35～16：30。地點：高雄鳳山金礦咖啡。

生旦會相約一起做幾套相同款式顏色的戲服，不一定像 G 小生所說的，都是小生提議要再做「情侶裝」，有的受訪者表示，小旦也可能提議再新做「情侶裝」。有意思的就是這舞台上的「情侶裝」會讓小生外型更顯雌雄莫辨，生跟旦在服裝外型沒有什麼區別（至少在觀眾眼裡是這樣，演員自己在著裝過程會清楚自己裡面的戲服有分男女），而這樣的外型呈現無法表現男女有別的效果，或者說不易彰顯出男女有別，「情侶裝」或是追求華美亮麗的歌仔戲小生戲服，縮短了生旦外在的差異，體現出歌仔戲小生在服裝、妝容上雌雄同體的美學觀。

生旦服裝、妝容的「擬似」，讓小生多了一種秀美豔麗色彩，而這與小生所扮飾的男性角色之間會形成一種「落差」，並非小生要刻意去追求陰柔美，恰恰相反，小生在形體身段、念白唱腔上都努力表現英挺、陽剛的氣息，但在服飾妝容上，又呈現出亦男亦女、非男非女的弔詭現象，而正是這種矛盾特殊的風格，造就出坤生的舞台魅力，讓許多女性觀眾為之癡迷。

（二）「女兒心、男兒身」的情感傳遞

除了外型的妝扮之外，演技的情感傳遞也是坤生非常重要的美學特色。同是以女小生著名的越劇，其代表人物之一的茅威濤〔註 71〕，她曾根據自己多年的演藝經歷，剖析女小生給予觀眾的美感是如何體現的：

> 首先，女小生迎面給觀眾的可能是女小生那種特有的俊朗的秀麗的感覺，這是一般男演員所沒有的那種秀美，那種秀麗的美；這還只是一種外在的東西，最後還是因為角色，角色所賦予的或者是女子越劇所特有的一種美打動了觀眾。這種美正因為是女子的、委婉的、象徵的、寫意的詩化。或者我們說得更透徹一點，就是當一種情感在需要宣洩的時候，女子越劇往往會比男女之間的情感宣洩，更能達到一種極致，這種極致通過音樂的聲腔，通過演員的表演，那種纏綿、那種淋漓盡致的東西，可能是男女演員之間，女演員和女旦角之間都沒有辦法與越劇女小生在一起所傳遞的那種東西相抗衡。
> 〔註72〕

〔註71〕茅威濤，1962 年生，大陸國家一級演員，目前為浙江小百花越劇團的台柱小生及團長，是越劇尹派小生的代表人物之一，屢獲表演獎項，如曾三次獲文化部文華表演獎、第二屆及第十一屆中國戲劇梅花獎、第四屆和第十屆上海白玉蘭戲劇表演獎主角獎、浙江省歷屆戲劇優秀演員獎、首屆中國小百花越劇金獎等。

〔註72〕茅威濤、馮洁：〈關於女小生的性別、眼睛、悖論對話〉，《上海戲劇》，2000 年第五期，頁 16～18。

茅威濤認為女小生在舞台上所傳遞給觀眾的情感，是男女演員對戲、或是女演員所飾演的旦角都無法傳遞的東西，那是一種纏綿、極致的情感宣洩。為什麼女小生會有這樣的能力？茅威濤進一步解釋：

> 當你通過自身一種程式的外化動作，把他傳遞出來的時候，你的外形已改變成一個異性，一個男人，是男性的情感的傳遞。其實，心靈還是女性的，只不過通過外在的程式化的動作，外在的造型，觀眾看到了一個男性的情感傳遞過程，實際上我的內心深處依然是一個女兒身的情感傳遞。〔註73〕

女小生透過千錘百鍊的程式動作，詮釋異性的藝術肢體動作，觀眾很自然可以感受到舞台上演的是一個男性角色。不過在透過音樂、唱腔、身段等藝術手段演繹一個男性角色時，這個軀殼的內心其實是女的，她以女性對於男性的理解，對於角色情感的理解，透過程式的外化動作，把人物的內心情感傳遞出來，所以那種藝術呈現，不是單一轉化的過程，是一種「女兒心、男兒身」的情感傳遞，通常會比「男兒心、男兒身」的情感傳遞多了一股細膩、柔美的風格。而且對於角色的理解，也不是像男人理解男人那般知己知彼，而是更接近女性所期待的異性模樣，女小生演的就是女人心目中的男人模樣，不是男人所理解的男人樣子。

胡斌針對越劇女小生的表演美學提出「在水一方」的論點：

> 女小生通過站在男性角色的對面去反觀，詮釋的不是生活中的男人，而是女人眼中的男人，是通過女人的理解來呈現的理想化、藝術化的男人。這種審美角度，可以認為是一種「在水一方」的模式，非常符合中國戲曲寫意、虛擬、象徵的特性。〔註74〕

其實不僅越劇女小生的表演美學是如此，歌仔戲女小生也是如此，歌仔戲唱將許亞芬，她曾在某個研習會場上，被問到一個問題：她所扮演的男性角色，再怎樣都不可能比真男人所飾演的更加貼近男人的形象，歌仔戲為何要還要以女性去演男性呢？許亞芬給了一句簡單又直接的回答：「因為女人了解女人。」同為歌仔戲知名坤生的唐美雲也認為：「只有女人最懂女人」、「女人比

〔註73〕 茅威濤、馮潔：〈關於女小生的性別、眼睛、悖論對話〉，《上海戲劇》，2000年第五期，頁16～18。

〔註74〕 胡斌：〈在水一方的美——關於越劇「女小生」的思考〉，《戲文》（浙江：浙江省藝術研究所）2006年第6期，總第154期，2006年12月，頁21～22。

男性細膩」。〔註75〕女小生知道同為女性的觀眾期盼的是怎樣的異性，在這樣的基準點上，女小生所扮飾的男性角色，就會有一種特殊的韻味。茅威濤以她多年的演藝經驗做說明：

> 眼睛作為器官的一部份，它很奇怪，心是看不見的，但眼睛的一半在裡面，一半在外面……我眼睛裡面的一半是女性，外面一半是伴裝的男性……我的後一半是女人感情傳遞，到外一半我就盡量地借用程式化、男性化一點，傳遞出去的可能是這樣一種奇怪的現象。
> 〔註76〕

茅威濤對於女小生眼睛的情感傳遞之說解很有意思，裡面一半是女性，外面一半是伴裝的男性，正是這樣的迂迴，造成女小生特有的韻味。歌仔戲女小生也有幾位能把眼睛的能量發展到極致，上文曾提過，外台歌仔戲小生在出台時，會抓住台下觀眾的心態，故意看著妳，對妳笑一下，眼波流轉、眼尾勾人，在出場的第一時刻就抓住觀眾的心，如外台歌仔戲知名的女小生郭春美就是其中佼佼者。不要輕忽那眼波輕輕流轉的一眼，朱景英的《海東札記》卷三（臺灣文獻叢刊第十九種）記載台南梨園戲的演出情形：「開場演戲，小伶流睞所及，又曰目箭，人必爭之，揮奉斃命，亦所時有。」〔註77〕「目箭」之可怕，只有中者知曉其厲害。電視歌仔戲著名的女小生楊麗花，她的眼睛也有很強的能量，不僅能風靡大量的女觀眾，連與她對戲的男小生都不敵她的電力。男演員 O 小生說：

> O 小生：像這種出場魅力我比較欣賞郭春美，她那個太恐怖，她是
> 　　　　超級電力機，真的啊。然後像電視的話，像那個楊阿姨也
> 　　　　是很可怕，像我們演《君臣情深》，我演包公，我在金殿跟
> 　　　　她秉告事情，我都不敢看她眼睛耶！
>
> 筆　　者：為什麼？
>
> O 小生：她的眼睛真的會放電，真的會放電，我不敢看，真的啊，
> 　　　　不要說她的小旦……

〔註75〕陳文婷：〈既是英雄，也是美人──專訪歌仔戲小生唐美雲〉，《婦妍縱橫》第 72 期（2004 年 10 月），頁 40～49。

〔註76〕茅威濤、馮潔：〈關於女小生的性別、眼睛、悖論對話〉，《上海戲劇》，2000 年第五期，頁 16～18。

〔註77〕朱景英：《海東札記》（台北市：大通書局），1987 年，頁 28。（臺灣文獻史料叢刊第七輯──海東札記、臺陽見聞錄合訂本）

筆　者：她是有意識的，還是……

O 小生：不是不是，她是那種很專心在聽你講奏折，但是她眼睛就
　　　　是在對你放電（笑），ㄟ，很恐怖耶！

筆　者：這是可以學的嗎？你說不是刻意的……

O 小生：不是刻意的，她就是那種自然而然那種感覺讓你會害怕，
　　　　你聽過包公被皇帝電到嗎？（筆者笑）真的很恐怖耶，真
　　　　的啦，那種眼珠有沒有，會這樣……我不會講啦，那種感
　　　　覺。（笑）還好我是背對著鏡頭，不然也滿可怕的。〔註78〕

　　O 小生以他親身的經歷告知筆者，楊麗花之所以會成為電視歌仔戲的皇帝不是沒有道理的，O 小生與她對戲時，楊麗花已不年輕，但演技的純熟自然，讓她依舊散發女小生特有的魅力，尤其是她的眼睛充滿能量，讓 O 小生驚顫不已，他根本不敢直接與她對視，怕迷失自己。

　　B 小旦也曾說過她跟王蘭花對戲時，也覺得王蘭花很會使用眼神能量，看著對方的眼睛，會覺得對方真的很愛自己。因此擅長透過眼睛傳遞情感的女小生，會擁有很大的藝術能量，而在女人心、男兒身的真假虛實間，所傳遞出的情感不只會令台下觀眾癡迷，甚至連對戲的女演員都怕自己不小心陷入「戲」裡，愛上對方。越劇著名女小生茅威濤訴說她的真實經驗：

我們「小百花」團有個演員叫吳海麗，是我演的第一齣《漢宮院》
中的搭檔，她演皇后，她從我們在戲裡成為搭檔後，生活中她從不
敢看我，她害怕我的眼睛碰撞她，她覺得我的眼睛老是火辣辣的像
個男人一樣的看著她。〔註79〕

吳海麗的經驗，恐怕也是一些歌仔戲小旦的經驗，B 小旦就講述了一些她與女小生對戲的經驗。

B 小旦：因為有時候我覺得她們在舞台上演戲的時候，放出來的感
　　　　覺是不一樣的。

筆　者：怎麼不一樣法？

B 小旦：有用心跟沒有用心，有用心在演戲的時候，放出來的電力
　　　　是不一樣的，跟妳純粹在演戲，真的啊。

〔註78〕受訪者：O 小生。時間：2009 年 12 月 22 日 14：00〜15：45。地點：台南市
　　　文平路那堤咖啡。

〔註79〕茅威濤、馮洁：〈關於女小生的性別、眼睛、悖論對話〉，《上海戲劇》，2000
　　　年第五期，頁 16〜18。

筆　者：純粹在演戲就是用心在演戲，不是嗎？

B小旦：純粹在演戲就是表示我在舞台上我就是在演戲，認眞演戲就是我已經進入那個角色。

筆　者：那她進入角色，她其實也沒有說對另外一個人有勾引，或是故意放電的意思。

B小旦：所以她演那個角色，比如說我在看小旦的時候，會把她當成她很愛的人，感覺是不一樣的。

筆　者：會產生一種悸動，不一樣的……

B小旦：會，只是妳自己如果分得很清楚也還好，因爲妳在舞台上有那種感覺的時候，妳自己也知道是在演戲，當妳下台妳也會忘掉那個角色，也忘了。〔註80〕

B小旦認爲女小生若用心去演戲，把自己徹底當作是劇中人時，她就會散發出一種能量，與她對戲的小旦會感受到一種悸動，一種自己被深愛的感覺，當然這不僅侷限於女小生才有這樣的魅力，而是說當女小生用心去演戲時，她不僅會傳遞出一種能量，而且那種能量是屬於女人心、男兒身特有的能量，進而吸引眾多的女性觀眾。胡斌認爲：

> 女演員扮演的男性角色，無論通過何種手段都很難在外形上接近生活原型，不可避免地會產生種種「不似」，這些「不似」恰恰美化了人物的扮相。另外，由於不需要拘泥於生活原型，反而有助於演員集中精力去揭示對象的內在意蘊，實現「神似」。〔註81〕

女小生確實很難透過任何藝術手段在外形上接近男性生活原型，而且外台歌仔戲女小生在妝容、服裝上比起其他劇種的小生更加遠離男性形象，不過也正因爲如此，女小生塑造出一種新的性別，一種雌雄同體的性別。張娟芬在探討T的美學時，將T與日本寶塚男役（飾演男性角色的女演員）相比擬：

> 值得深究的是影迷的供詞——她們一直強調寶塚舞台上的「男人」，是眞正的男人（也就是生物的男人）所演不出來的。那是什麼意思呢？是不是說，有一種能夠擄穫女人芳心的溫柔與帥氣，是生物的男人表演不出、怎麼學都學不會的，只有某些女人的身體能夠展現

〔註80〕受訪者：B小旦。時間：2009年10月29日凌晨00：05～01：00。地點：B小旦家臥室。

〔註81〕胡斌：〈在水一方的美——關於越劇「女小生」的思考〉，《戲文》（浙江：浙江省藝術研究所）2006年第6期，總第154期，2006年12月，頁21～22。

那樣的瀟灑。這豈不是完全顛覆了主流的異性戀思維嗎！寶塚的演
出與影迷的反應剛好呈現出一個逆轉的圖像：有一種女人的帥氣，
是男人所無法取代的。主流以為反串男人的女人是「贗品」，其實相
反。那種溫柔與帥氣是反仿冒的，T 的專利。寶塚小生是不是在模
仿男人？就她們的主觀意識來說，可能是，也可能不是。但是她們
表演到一種地步，已經把「真正」的男人都比下去了。〔註82〕

其實寶塚的男役、越劇和歌仔戲的女小生在某個程度上都是創造出一種新的
性別，在大部分的女性觀眾眼裡，那就是 T 性別，一種雌雄莫辨、非男非女、
是男是女的魅力性別。

二、女性觀眾眼裡的 T 美學

　　從女演員飾演男性角色的情感體會與傳遞，以及其雌雄同體的妝扮，創
造出一種特殊的藝術形象，廣為女性觀眾所喜愛。抽絲剝繭地剖析其中源由，
會發現女小生之所以能持續存在，有其複雜的心理因素與文化因素。魯迅在
觀察京劇乾旦之所以被接受的原因，提出心理層面的解答。李祥林在《性別
文化學視野中的東方戲曲》一書中說：

> 魯迅在《論照相之類》一文中說戲臺上的「男旦」現象之所以為社
> 會接受是因為男子看見「扮女人」而女子看見「男人扮」庶幾相近，
> 表面上愛好相同而實地裡各自內在心理有別。〔註83〕

男觀眾之所以喜愛乾旦，是因為他們看到演員扮飾的是女人；女觀眾之所以
喜愛乾旦，是因為她們看到角色由男人所扮飾。對於女小生之所以受觀眾喜
愛，胡斌也有相類似的看法：

> 男觀眾喜愛越劇小生，是因為女人去扮演了舞台上的男人；女觀眾
> 喜歡越劇女小生，是因為舞台上的女人塑造的是男人，這種「性別
> 錯位」單單從形式上就極有意趣，也可以理解為是一種「在水一方」
> 的模式，觀眾是在此岸去欣賞彼岸的表演，因為隔著一定的距離，
> 所以越劇女小生在舞台上的表演，在觀眾眼中才更顯得詩意、空靈、
> 夢幻與飄逸。〔註84〕

〔註82〕張娟芬：《愛的自由式——女同志故事書》（台北市：時報文化出版企業有限
　　　　公司），2005 年 3 月，頁 94～95。
〔註83〕李祥林：《性別文化學視野中的東方戲曲》（香港：天馬圖書有限公司），2001
　　　　年 4 月，頁 268。
〔註84〕胡斌：〈在水一方的美——關於越劇「女小生」的思考〉，《戲文》（浙江：浙
　　　　江省藝術研究所）2006 年第 6 期，總第 154 期，2006 年 12 月，頁 21～22。

不論是坤生或乾旦，展現的都是一種符號化的陰陽共體藝術形象，以研究性別和戲曲關係著稱的李祥林，他從文化人類學的角度去思考，認爲陰陽共體本就是人類的文化原型之一：

> 「陰陽共體」本是人類歷史上起源極古老又影響極深遠的文化原型之一。從性別視角去剖析這個以超凡神力爲特徵的原型，可知它是一個深刻的文化人類學隱喻，其中托寄著性別對立社會中那對性別和諧關係充滿浪漫和理想色彩的潛意識企盼。〔註85〕

歌仔戲女小生正是這陰陽共體／陰陽同體之文化原型的展現與延續，不過她們之所以風行，其心理因素不是只如魯迅和胡斌所言那樣簡單的性別錯位而已。本文以爲女小生藉由藝術手段所展現的人物形象，在部分觀眾眼中，那是男性人物，而在這些觀眾中的少數人會將角色背後的演員也視爲「男性」；另外一部份的觀眾，不會將女小生所飾演的角色當作純粹的男性，而是一種介於男性與女性間的形象，T 的形象，雖然她們不一定有所自覺，有的只是模模糊糊感覺到女小生所飾演的角色不只是「男人」，而是有魅力的男人，這「男人」嚴格來講就是「T」，也就是說坤生的表演，在大部分女性觀眾的眼中，那是一種 T 化的美學。

以下分兩個層面來探討構成「表演」元素之一的觀眾，在心靈深處如何看待女小生及其表演。

（一）部分女觀眾將坤生視為「男性」──混雜了 T 概念的男性

在受訪的多位女小生中，許多受訪者都表示自己曾被女戲迷視爲男子，且戲迷會將情感投射在自己身上。一九六三年出生的 G 小生目前正遇到這樣的問題：

> 筆　者：那是不是有些戲迷跟妳是同性別的，也很清楚妳是女生，可是會不會有人眞的把妳當作男生？
>
> G 小生：會，我遇過，尤其是最近一個學生，她眞把我當……（嘆氣）說眞的，她就是愛死妳這樣，就是好喜歡好喜歡妳喔！
>
> 筆　者：（笑）多大多大？
>
> G 小生：現在讀高中吧。

〔註85〕李祥林：《性別文化學視野中的東方戲曲》（香港：天馬圖書有限公司），2001年4月，頁278。

筆　　者：高中女生？

G 小生：對，高中女生。

筆　　者：她就是來看戲……

G 小生：就是來看戲，如果我在後台，她就跑到後台一直看我一直看我，我出台，她就到前面去看，就是這樣子，每天就是會打電話，傳訊息啦，就會表示：「好喜歡你喔！真想念你！」

筆　　者：她不會知道妳是女生嗎？還是她無法接受妳是女生？

G 小生：其實她是個學生，我也不會跟她太接近，但是她有時候訊息就是傳：「很煩耶，我就是好喜歡你喔，可不可以帶我去你家？我好想見你喔！好久沒聯絡怎樣怎樣。」其實我也有煩惱的事情，被這種小學生（G 小生的意思是指對方像個小孩子）這樣子……也是很煩啦，但其實她是好意，她是喜歡……

筆　　者：就是很單純啊，那個年紀的……

G 小生：嗯，她會給我一種負擔啦，一種煩躁啦。

筆　　者：可是她會把妳當成男生嗎？

G 小生：會，她就是把妳當成舞台上那種小生，那種男生看待。她會說：「想你想到在哭，你在哪裡啦？」我說：「很遠耶，妳不要來啦。」她反正一定要看到我，不管多遠都要看到我。因為她是學生，騎一輛腳踏車，來看我演戲，我也會有所感動，也是會擔心她騎車危險，就是有時候會覺得很煩，有時候會覺得……喜悅，女孩子，又是學生，我也會有種喜悅感，也是會啦。〔註86〕

已婚的 G 小生，兒子已快二十歲，她的先生是個很寬和的人，不會約束 G 小生的交友，而 G 小生坦承在二十七歲結婚之前，曾交過女友，清楚這樣的感情，而且她長期都在處理這類感情。高中女生對於自己的迷戀，她有喜悅感，也會煩躁，也知道對方把她當成男子，且對方比自己的孩子還小，所以經過歷練的她不可能給予對方錯誤的訊息，只能慢慢等待女孩自己成長，結束迷戀。

〔註86〕受訪者：G 小生。時間：2009 年 12 月 23 日 15：35～16：30。地點：高雄鳳山金礦咖啡。

　　迷戀 G 小生的這位高中女孩，是因喜愛女小生所飾演的舞台男性形象，而將情感投射在女小生身上的典型例子，G 小生知道女孩是把自己當成「舞台上的那種小生，那種男生」看待。筆者無法確定女孩是無法接受台下的 G 小生的真實性別，還是真的把 G 小生視為男子看待，沒有混雜一點「T」概念的男子。在其他的女小生經驗中，有些戲迷朋友早就清楚自己愛慕的女小生台下的性別，但還是會對她抱有特殊的情感，像由武旦轉行為武生的 P 小生，早早便結婚，且育有二子的她，目前因轉行演武生後，剪短頭髮，多了不少愛慕自己的戲迷，她先生為此顯得焦躁不安。

> 筆　者：妳是因為演小生，所以才要剪短頭髮嗎？
>
> P 小生：對，因為我們會演到胡撇仔戲，胡撇仔戲我們就是穿比較現代的衣服，比較現代的衣服，妳留長髮不行啊，不好看，就要短頭髮，帥帥的這樣子。
>
> 筆　者：妳剪這樣……
>
> P 小生：比較像男生。
>
> 筆　者：會讓更多女孩子喜歡妳吧？
>
> P 小生：對，曾經有人拍我的大頭，就到頭部這邊而已，就貼在她的相機上，不然就貼在她的床頭。我看到說：「不用這樣子吧！」她說她就是幻想我跟她睡在一起。
>
> 筆　者：幻想？
>
> P 小生：對，她幻想說我可以跟她睡在一起。
>
> J 小生：那是幾歲的人？
>
> P 小生：二十歲左右，也差不多我這個歲數而已。
>
> 筆　者：是因為看戲……
>
> P 小生：對，才認識的……交很多朋友啦。〔註87〕

P 小生由小旦變成小生後，變得十分受歡迎，多了許多戲迷朋友，但她的壓力也增加不少，因為有些人會把她當成男生。

> P 小生：最大的壓力可能是在這兒吧，因為我是女生，你們為什麼不把我當作女生？要說我是男生？

〔註87〕受訪者：P 小生。時間：2009 年 12 月 23 日 14：30～15：30。地點：鳳山體育館前的田園義大利麵餐館。備註：這次訪談，B 三花與 J 小生陪筆者一起進行。

J 小生：這樣會造成妳的困擾嗎？

P 小生：我覺得我的困擾很大。

J 小生：妳先生會覺得說……

P 小生：對，他會覺得：我太太越來越像男生。而且我以前長頭髮
還好喔，剪短頭髮後，我先生更困擾，他會覺得身邊睡的
是一個男生，不是女生。（笑）

B 三花：他曾這樣跟妳說過嗎？

P 小生：曾經。

J 小生：有女孩子追妳？迷妳？

P 小生：有，很多。

J 小生：妳先生會很困擾？

P 小生：她們都會打電話來亂，我先生就說：「這是沒必要的，妳跟
她說妳是女的就好了。」我說我也說過了，問題就是她要
一直送東西來，我也沒辦法，因為我已經說得很明白了：「我
嫁人了，我有孩子有家庭了，妳不要這樣，這樣會造成我
家的困擾。」她說：「沒關係啊，我只要可以送東西給妳，
可以見妳一面，可以跟妳通一下電話，我就好了。」我覺
得這是最大的困擾，會覺得演小生有好處也有壞處，這就
是困擾。沒家庭的是沒關係，因為沒家庭的妳交朋友沒有
人會干涉，有家庭後，要以公公婆婆的眼光去看待，還有
先生會怎樣想，所以這是最大的壓力。〔註88〕

一九八一年出生的 P 小生，奶奶、爸爸、媽媽都是戲班人，她從小就在戲班
跑動，不過十八歲才開始正式學戲，從三花、彩旦行當開始學起，慢慢改演
小旦，再來是武旦，二十歲開始轉攻武生、小生，不過那時雖改演小生，她
依舊留著一頭長髮，所以很少有人把她視為男生，這一兩年她加入高雄某知
名歌仔戲班後，專攻武生行當，且將頭髮剪短，穿起比較中性的衣服，戲迷
朋友頓時多了許多，她思想保守的先生為此經常抗議。

P 小生：應該是我先生思想比較保守，像我若穿比較暴露的衣服，他
就不要了，就不接受了；我若穿這樣襯衫式的，他也不要。

〔註88〕受訪者：P 小生。時間：2009 年 12 月 23 日 14：30～15：30。地點：鳳山體
育館前的田園義大利麵餐館。備註：這次訪談，B 三花與 J 小生陪筆者一起
進行。

J 小生：太過中性。

P 小生：對，他會説：「妳是女生啊，妳爲什麼要穿這麼中性。」我
　　　　説：「問題我現在演小生啊，我穿中性一點不可以嗎？」他
　　　　説：「問題妳是我太太，妳就要穿女孩子一點的。」我若演
　　　　女生，我又不能跟男小生演到愛情戲，因爲會牽到手嘛！
　　　　會躺到嘛！他也不要，就會吃醋。

J 小生：這樣喔？這麼古版。

P 小生：非常古版！之前在他的班，我們演潘金蓮那一齣，武松殺
　　　　嫂，我演潘金蓮，威凌演武松，眞的就不行了，他就每天
　　　　complain、complain、complain，説不要再演這一齣了，但
　　　　是每次演這一齣就可以再簽約，每次演這齣，人家就要簽
　　　　約，就是因爲這樣，我婆婆就説再演這一齣，我先生就一
　　　　直 complain，要我不要再演了。我會覺得公事他要管，私
　　　　事他也要管，管太多，有時我會覺得壓力很大。

筆　者：妳先生也是戲班人嗎？

P 小生：對啊。

筆　者：那他應該了解這個啊。

P 小生：問題他的思想……

J 小生：男生都魯魯。

P 小生：眞的，他會認爲妳是我太太，就不應該讓別人碰到妳！

筆　者：那女生呢？

P 小生：也不行耶！包括別的女生太接近也不行，都要保持一個距
　　　　離。〔註 89〕

或許正式因爲 P 小生的先生也是戲班人，所以他更加清楚這個圈子的文化，
看多了戲迷爲小生瘋狂的例子，他不要他的太太跟戲迷有過多的牽扯，怕太
太眞的轉「性」，成爲男人，成爲「T」。

〔註89〕　受訪者：P 小生。時間：2009 年 12 月 23 日 14：30～15：30。地點：鳳山體
　　　　育館前的田園義大利麵餐廳。備註：這次訪談，B 三花與 J 小生陪筆者一起
　　　　進行。

（二）坤生 T 美學

　　為什麼坤生會擁有魅惑人心的力量？筆者以為在觀眾眼裡，舞台上的坤生烙印在觀者眼裡、腦裡的是類似「T」的人物，坤生屬於戲曲舞台，T 是真實人生的角色，觀眾並不一定知道什麼是「T」，但並不妨礙其心理活動所產生的欣賞、愛慕。就像婆對 T 的愛戀一樣，為什麼 T 的陽性特質與女性身體的結合會產生魅力？巴特勒的看法是：

> 如一女同志婆所言，她喜歡她的男孩們像女孩……那個陽性特質，如果還能這樣稱呼的話，總是凸顯出來比照文化上可感知的「女體」。<u>正是其踰越所產生的不和諧並列（dissonant juxtaposition）和性張力（sexual tension）</u>，構成了慾望的對象。換句話說，女同志婆慾望的目標（而且明顯地不只一個），既不是被抽離脈絡的女體，也非界線分明且強加其上的男性身份，而是兩者進入情色的相互遊戲（erotic interplay）時的不穩定性。類似地，有些異性戀或雙性戀女人可能會喜歡「圖形」（"figure"）以至「基底」（"ground"）的關係以相反方向運作——也就是說，她們可能喜歡她們的女孩像男孩。〔註90〕（底線為筆者所加）

張小虹在〈越界認同——擬仿/學舌/假仙的論述危機〉一文中對此有更清楚的說明：

> 女同志 T 對陽剛特質的認同，並非臣服於異性戀的收編，而是在女人身體（底色）與男性性別認同（圖形）間產生嘲諷式的踰溢，以莫辨雌雄的誘惑啟動情慾流動，因此對「喜歡她的男孩是女孩」（like her boys to be girls）的女同志婆來說，T 的吸引力不是只在她的陽剛，而是在她女性身體與陽剛特質之「不調和的並置」與「性慾的張力」，正如同有些異性戀或雙性戀女人「喜歡她們的女孩是男孩」（like their girls to be boys）一般，執迷於性／別曖昧的情慾流動。〔註91〕

〔註90〕巴特勒著、林郁庭譯：《性／別惑亂：女性主義與身分顛覆》（苗栗縣：桂冠圖書股份有限公司），2008 年 12 月，頁 191。

〔註91〕張小虹：《慾望新地圖》（台北市：聯合文學出版社有限公司），1996 年 10 月，頁 180。

舞台上坤生的魅力，就如現實人生中 T 對婆所產生的魅力。筆者在未識何謂 T、婆概念的時候，2005 年 12 月 23 日於台北國家戲劇院觀賞中國京劇院的《謝瑤環》演出，青衣李勝素在這戲裡須反串小生辦案。筆者至今記憶猶新的是刑堂那場李勝素一亮相，那小生的打扮瞬間讓人眼睛一亮，忍不住在心裡直呼「好帥」！事後筆者一直思索此現象，為什麼李勝素扮飾的非本工行當——小生，反而比本工行當——青衣更讓自己動心？絕不是李勝素小生唱腔勝過青衣唱腔，那麼問題是出在那瞬間的視覺形象囉？在經過幾年的探索後，某些東西逐漸明朗，就如本文第三章所探討的性別觀，相信多數的女性其實都是雙性的，只是不一定被啟發，可能在某些時候石火電光般閃現，但又稍縱即逝，來不及意識到什麼，就又錯過了，就像當時筆者被舞台上的李勝素小生形象打動一般，出了劇場那瞬間的感覺也就淡了，留下的只是疑惑的記憶，不懂為何李勝素的小生魅力勝過她的本工行當。

　　在跟曾有段時間反串小生的 B 小旦進行訪談時，李勝素小生魅力之謎被解開了，當時筆者問 B 小旦舞台上的表演會不會影響到真實人生的情感，也就是說演員會因為投入角色而真的愛上對方嗎，或者說被啟發出「T」性別或「婆」性別。

　　筆　　者：所以妳覺得表演會不會有影響？

　　B 小旦：會有影響我覺得是小生跟小旦……

　　筆　　者：小生跟小旦妳覺得會有……

　　B 小旦：會，因為她本身的現象就比較男性化就像 E 小生，就像一
　　　　　　些小生類的，她們在演感情戲的時候我不知道她們是怎
　　　　　　樣，可是妳在演戲的時候，如果對方感情很濃厚，妳就自
　　　　　　然會被她吸引，如果她是 T 妳是婆，妳們長久都在演感情
　　　　　　戲，自然會有那種感覺。

　　筆　　者：如果她不是 T 呢？

　　B 小旦：如果她不是 T?

　　筆　　者：她是演小生，像 J 小生的二姊她是演小生，可是她是婆……

　　B 小旦：對啊，她是比較特殊的例子，那只是說她的心態。像 J 小
　　　　　　生現在她也演小生啊，可是她心態不見得是啊，像之前我
　　　　　　回去□□那裡我也演小生，可是我心態上不見的是啊。

　　筆　　者：可是會不會同樣吸引戲迷？

　　B 小旦：會啊，她們喜歡看的是台上的妳，並不是說妳一定要是 T
　　　　　啊，那只是妳呈現出來的感覺，妳不要說妳明明在台上就
　　　　　演小生，妳表現得就很嬌柔，那人家當然就不會有那種覺
　　　　　得妳有吸引力，因為妳有吸引力一定是，比方說妳在舞台
　　　　　上表現就很男孩子味。〔註92〕

B 小旦認為台上的小生若其性別為「T」，演技又很好，能將角色的深情面演
出來，那與她演對手戲的小旦有可能會真的被打動，尤其小旦性別又是婆的
話，那兩人便可能會在一起。至於台下觀眾，她們不用確認小生的真實性別
是否為 T，只要小生在舞台上表現出「男孩子味」，自然會產生吸引力，會吸
引觀眾，就像 J 小生跟她的二姊行當都是小生，B 小旦也曾反串過一陣子的小
生，不過她們三人的真實性別都非「T」，可是依舊風靡了不少女性觀眾，因
為舞台上的她們所展現的人物形象就是「T」。

　　J 小生提過她的認知也是如此，多數女性其實都是雙性戀。

　　筆　者：所以在戲臺上，妳自己覺得，做演員的會不會因為自己演
　　　　　戲的關係而愛上對方？

　　J 小生：會啊！妳說小生和苦旦？

　　筆　者：嗯。

　　J 小生：大部分就是因為默契，還有她們的眼神交流都會，一定都
　　　　　會……或許是因為她們的私底下剛好都沒伴，然後就自然
　　　　　都會……會啦，feeling 若不錯……這種事情也是很多啊，
　　　　　妳沒看到很多小生苦旦都一對的嗎？

　　筆　者：是啊，人的潛意識理的性向可能是雙性的，如果正常的環
　　　　　境，就會遵循社會所賦予的規範……

　　J 小生：我跟妳說啦，大部分的女生都是雙性戀比較多，很多女生
　　　　　她們都可以同性戀後，到後來又跑去嫁人，嫁人嫁一嫁，
　　　　　就走回來交朋友，很多……〔註93〕

　　J 小生講的是她的人生體驗，她的五個姊妹，還有她在戲班裡看到的狀
況，確實是有許多女演員的性別會遊走在異同之間。而女小生的形象很容易

〔註92〕受訪者：B 小旦。時間：2009 年 10 月 29 凌晨 00：05～01：00。地點：B 小
　　　旦家臥室。

〔註93〕受訪者：J 小生。時間：2008 年 1 月 18 日下午。地點：J 小生家客廳。

讓女性產生愛慕，像圓圓（即 N 小生）的情形就是如此。圓圓的屬性是婆，出生於戲班的她其實很熟悉這個圈子，也知道許多藝人的性別屬性，但她先是因為喜歡某個錄音班的小生而去其班學戲，學了七年的生行，（她不喜歡旦行複雜的妝扮，認為太麻煩，因此選擇學生行，而她學戲本來的目的就不是為了演戲，是為了接近那位小生，所以不喜歡歌仔戲的她不在自家劇團演出，而跑去別班當學戲囝仔，詳見附錄八：圓圓的故事。）後來圓圓聽說自己與 K 小生的扮相相似而受好奇心驅使，跑去看 K 小生的戲，沒想到因此墜入愛河，她愛上 K 小生，確定自己真的是喜歡女生的。為此她離開原來的戲班，到 K 小生的劇團幫忙，不過夢幻的愛情在現實中破滅，K 小生身邊一直被諸多女生圍繞著，圓圓只是其中的一名。愛情失意後，她離開舞台，開始從事其他的工作，也曾在 J 小生的旗下當舞小姐，後來她由欣賞轉而愛上 J 小生，她喜歡 J 小生堅毅獨立的個性，當時 J 小生又喜歡自稱「小哥」，圓圓因此認定 J 小生是 T，尤其在看過 J 小生帥氣的小生扮相後，她更加愛慕 J 小生，不惜將所賺的薪資全數投資在 J 小生身上，但 J 小生那時已與 E 小生在一起，圓圓因此數度失控，差點失去寶貴的生命。J 小生視圓圓為單純姊妹，她清楚圓圓的心思，但無法給予圓圓想要的愛情，只能慢慢開導她，後來圓圓逐漸接受現實，但她依舊將 J 小生視為自己生命的重心，J 小生有戲時就出去幫她穿衣、折衣，沒戲時就每天數通電話與 J 小生聯繫，如此維繫了許多年。後來 J 小生有點受不了情緒起伏很大的圓圓，她不要圓圓把生活重心都放在她身上，也不希望圓圓經常隨她出去演戲。J 小生拉開距離的舉動，傷了圓圓的心，圓圓開始跟 J 小生的姊姊土女抒發心裡的不滿與委屈，沒想到由小旦轉行小生的土女逐漸成為圓圓新的愛慕對象，兩人曾有過短暫曖昧的情愫，不過土女身旁也有一名 T 伴侶，所以圓圓的愛情又無疾而終。

　　圓圓先後愛上的都是坤生，她自己也說她就是喜歡外型好看的小生，所以她縱使清楚 J 小生和改演小生的土女之人生伴侶都非婆，但她依舊「不由自主」地戀上 J 小生和土女，因為 J 小生和土女在某個程度上都展現出 T 美學，這使得熟悉歌仔戲文化生態的圓圓還是愛上她們，因為圓圓愛上的是舞台上的坤生，她將情感寄託在擁有小生形象的她們身上，不過因為圓圓也清楚 J 小生等人現實的性別屬性，所以她自己會被逼著產生某種尺度的游移，當不成情人，總還是好姊妹。這份情誼就在情感的寄託和即將昇華成的友情間擺盪，套句通俗的話，那就是「朋友以上，戀人未滿」，但已過了那段期待曖昧

的時間，所以不再有所愛不得的痛苦，這也是許多戲迷、戲箱能持續跟坤生交往的原因。

　　當然，並非所有女性觀眾在有意識或無意識間都會將坤生視爲「T」，如同本文第一節的第二小節「舞台扮裝表演」所言，大部分女性觀眾崇拜坤生的心理理由，也就是女扮男裝的坤生，實際上營造出了一種安全距離的迷戀氣氛。雖然崇拜的是「男子」形象，但坤生實際上由女性扮演，既給了這群女性觀眾安全的欣賞距離，而這個崇拜坤生的心理又可「合法地」見容於先生或其他家庭成員的審美標準中。

第五章　歌仔戲的坤生文化

在討論過歌仔戲坤生表演與性別的關係後，這一章將焦點延伸至文化層面，探究歌仔戲坤生的「朋友」與「賞金」，以及特別引人注目的同性文化。此處所謂的「朋友」，是一種歌仔戲界的語言符碼，有其特殊的內容意涵，而坤生往往是歌仔戲藝人中擁有最多「朋友」和「賞金」的行當，因此「朋友」觀和賞金文化雖非坤生所特有，但以坤生最為著名和有其代表性。本章第三節則著重探討坤生跟「朋友」的關係，尤其是坤生與戲箱、同性情人的特殊情誼，另外在小生與情人同性文化的這一部分，本文擬從小生和戲班經營的角度，以及戲裡戲外的愛情演繹，來描繪歌仔戲舞台內外的特殊風景。

第一節　歌仔戲藝人的「朋友」觀 [註1]

何謂「朋友」？朋友是一種可以透過選擇而建立的人際關連，儒家將人倫關係分成君臣、父子、夫婦、兄弟、朋友五種，其中朋友一倫是指具有選擇性、平等性、重誠信等特點的人際關連。[註2] 而「朋友」一詞在歌仔戲界有其特定的語彙意涵，並不完全等同於我們一般所熟悉的朋友意涵。蕭伶玲的學位論文 [註3] 曾從社會學的研究方法探討野台歌仔戲的「觀演關係」，指出「朋友」一詞是歌仔戲特殊的文化符碼，不過因為此一議題牽扯到許多隱

〔註 1〕 本節曾發表於彰師大《國文學誌》第十七期（2008 年 12 月），頁 317～348。
〔註 2〕 汪文學：〈論中國古代人倫中的朋友倫理〉，《江漢論壇》（2007 年 12 月）。
〔註 3〕 蕭伶玲：《朋友（bein-yu）的社會學研究——以野台歌仔戲的觀演關係為例》，清華大學社會學研究所碩士論文，2004 年 7 月。

私安全，所以其論文很難從圈內人的觀點直接探討歌仔戲藝人所謂的朋友內涵是什麼。其實她（他）們所說的「朋友」，並不僅止於一般所謂的朋友，她（他）們所謂的朋友可能是我們所熟悉的朋友觀，也可能是戲迷、戲箱、乾媽/乾姊妹、情人等，而朋友的交往是有某些不成文的禁忌的，例如 A 若是甲小生的朋友，那 A 就不能是乙小生的朋友。

　　本節擬從歌仔戲演員的立場切入探討歌仔戲界的朋友觀，共分三小節。第一小節「歌仔戲界所謂的朋友意涵」，從田調經驗和訪談資料中釐清「朋友」一詞的意涵；第二小節「歌仔戲藝人對朋友的規範與希冀」，由藝人自己現身說法，如實呈現她們理想中的朋友該是何種面貌，而朋友之間的交往忌諱又是什麼；第三小節「朋友交往禁忌的原因探究」，探究歌仔戲藝人對朋友之間的交往忌諱之背後原因。

一、歌仔戲界所謂的「朋友」意涵

　　每一個族群團體與其他族群團體有其共象的部分，也有其特殊的文化或語言符碼，歌仔戲界所謂的「朋友」，便有其特殊的內容意涵，他們所謂的朋友可能是普遍性的朋友意涵、戲迷、戲箱、乾爸媽/乾姊妹、情人等，也就是說歌仔戲藝人會以「朋友」這個語彙來統攝上述的幾種身份關係。

（一）普遍性的朋友意涵

　　在訪談的過程中，只有較年輕的 L 小生提到她的朋友群涵括她的同學，或是在不同領域遇到的人，其餘受訪者在被問及此問題時，都不會特別強調這個普遍性的朋友意涵。L 小生說：

> 那另外的朋友，我就還會有一些是我的同學，或者是說我在不同的領域遇到的，我出社會以後在不同的領域遇到的一些人，一些人脈，對，這樣子接觸，那可能就是大家都心靈相通那種的，而那種朋友對我來講就是不常聯絡，可是隨時有狀況，或者是心裡想到的時候，一通電話，通常可以講很久，而且大家都互相心靈相通的那種感覺……〔註4〕

〔註 4〕受訪者：L 小生。時間：2008 年 2 月 26 日 16：35～18：20。地點：台北內湖丹堤咖啡。

L 小生此處所提的朋友「就是不常聯絡，可是隨時有狀況……」相當於擁有普遍性意涵的知己朋友，或是真朋友。至於她把同學也視為朋友，則是廣泛意義上的類別分法，不過在古代的「朋友」真的指的是同門生徒。何晏的《集解》：「包曰：同門曰朋」，邢昺《疏》：「鄭玄注大司徒云：『同師曰朋，同志曰友』」。〔註5〕可見早期儒家將同師門的生徒稱為「朋」，而「同其心意所趣」〔註6〕便是「友」。

（二）個人的戲迷

除了 L 小生所提到的朋友外，會被歌仔戲藝人視為較遠的一層「朋友」，就是個人的戲迷。J 小生跟 A 小旦清楚地表示劇團的戲迷也不能算是個人的朋友：

筆　者：最遠的就是一般觀眾？

J 小生、A 小旦：嗯，對。

筆　者：和我們沒有交情？那種的也不會稱為朋友吧？

A 小旦：那是觀眾，不是朋友。

筆　者：一定是要戲迷，戲迷才是嗎？

J 小生：對！

筆　者：第一個是戲迷。

A 小旦：戲迷也有分啊，有分說……比如我做苦旦，他就是特定找我而已，那就是我個人的戲迷……

J 小生：有一種戲迷每個演員都看……

A 小旦：對啊，他就要看大家整團這樣啊！

J 小生：劇團的戲迷。

A 小旦：那是戲迷，不是朋友。

筆　者：喔？若是看很多個，那個你們不稱為朋友？

A 小旦：那是戲迷啦，不是個人的戲迷……

筆　者：所以是個人的戲迷才算是朋友？

A 小旦：對啊。〔註7〕

〔註5〕（魏）何晏集解、（宋）邢昺疏《論語註疏解經》（明熊九岳等校刊本）（台北市：中國子學名著集成編印基金會），1978 年，卷一，頁 16、18。

〔註6〕（魏）何晏集解、（宋）邢昺疏《論語註疏解經》（明熊九岳等校刊本 墨校近人阮閻手書題記），卷一，頁 18。

〔註7〕受訪者：A 小旦。時間：2008 年 1 月 20 日凌晨 0：00～1：10。地點：A 小旦家客廳。備註：J 小生陪筆者一起進行訪談。

一般觀眾不會被歌仔戲藝人視為自己的朋友，除非這個觀眾是藝人個人的戲迷，而且就只是他的戲迷，這樣才有可能成為藝人心目中的朋友。若是這位觀眾欣賞一個劇團的許多藝人，或是喜歡不同劇團的藝人，那這樣子歌仔戲藝人也不會把他當作是自己的朋友。

　　只是個人的戲迷還不是藝人所認定的朋友，還必須是認識的，也就是說這個戲迷還必須去認識藝人，藝人心裡才會將之視為朋友看待。J 小生說：

　　　　J 小生：朋友就是有分啊，分一般的觀眾，愛看戲的，這跟我比較
　　　　　　　　沒交集的，純粹看戲的一般觀眾啊……

　　　　筆　者：妳也會感覺這就是朋友嗎？

　　　　J 小生：不會啊，不會感覺是朋友啊，但是有認識的，妳觀眾看久，
　　　　　　　　妳都會認識，會認識的妳就都會點頭，點頭之交啦，但是
　　　　　　　　不會說他是我的朋友啦，會說他是看戲的觀眾。若說還非
　　　　　　　　常愛看我的，很針對我個人的藝術在欣賞的，和我認識了
　　　　　　　　以後，我會感覺說那就是我的戲迷，將他當作是我的朋友。
　　　　　　　　〔註8〕

有時候藝人很清楚台下哪些觀眾是很愛看自己演戲的，但只要觀眾沒有跨出第一步，跑到後台跟藝人認識，藝人也不會認為愛看自己演出的戲迷就是朋友。I 小生說：

　　　　一路以來，十幾二十年我都知道你們在看我的戲，但是我很尊重他
　　　　們，他們如果從來沒有來後台跟我們說正式見面，或是認識的話，
　　　　我也不會去問他，我的個性我也不會，我也不會到台下說：「你常常
　　　　看我的戲喔，看真久喔？」我也不會去問他，我覺得你就是純粹我
　　　　看戲的觀眾，在我的心目中，我就是演戲給你看的人，就是這樣子
　　　　而已。那如果你真的有來跟我認識的話，我們有坐下來交談，坐下
　　　　來談天，我們就是朋友。〔註9〕

　　至於如何由戲迷變成朋友呢？I 小生進一步說明：

　　　　剛開始是常來看戲，後來他們就來後台拿照片，拿名片，或是幫妳
　　　　照相，給妳簽名，這樣子漸漸就讓我們瞭解到什麼名字，或是他幫

〔註8〕受訪者：J 小生。時間：2008 年 1 月 20 日 13：00～14：05。地點：J 小生家
　　　　客廳。

〔註9〕受訪者：I 小生。時間：2008 年 1 月 26 日 18：00～20：15。地點：台北御書
　　　　園。

我們洗照片不錯，這樣子剛開始接觸，接觸以後就是會越來越多來
看戲的朋友，就大概一些熟面孔就會認識，認識之後一剛開始大家
出來吃個東西，喝個飲料，聊聊天，那就熟了，熟了每次來看就是
會聯絡會怎樣。〔註10〕

簡言之，通常會被歌仔戲藝人視爲朋友的第一種類別，就是她（他）個人的
戲迷，並且這個戲迷還須是經常去找她（他），與她（他）熟悉認識的才能稱
上朋友。

（三）戲箱

　　除了個人的戲迷之外，被歌仔戲藝人視爲很重要的一種朋友就是「戲
箱」。裝戲服、頭飾的箱子稱戲籠，經常做服飾給演員，或是給賞金、送鑽石、
金子等的朋友，就是「戲箱」。而戲箱又分「大咖仔」、「細咖仔」，有時戲箱
也會被稱爲「黑皮仔」。內台時期的名坤生 A 小生表示：

　　A 小生：對啊，就是我的朋友就是戲箱啊，相同啊，賞錢啦、做服
　　　　　　飾啦、買東西啦，然後人家就有另外一種的偏話説：「那黑
　　　　　　皮啦，黑皮仔」這樣啦，以前我們內台這一輩的在做，是
　　　　　　都説「戲箱」。妳曾聽説有分大咖仔、細咖仔麼？

　　J 小生：有啊，大咖戲箱……

　　A 小生：對啊，那比較多、比較捨得花錢的，那非常大咖……

　　J 小生：大咖戲箱。

　　A 小生：若像有的去，拿糖果啦，提香蕉啦，買水果啦，人家説那：
　　　　　　「細咖仔」啦、「番仔火箱仔」（火柴盒）……

　　J 小生：（笑）番仔火箱仔？

　　A 小生：我們內台很會嘲諷人家，都有這個情形啦。〔註11〕

「大咖」、「細咖」是相對而言，很捨得花錢又花得起的戲箱就是「大咖戲箱」，
一般她們稱之爲「大咖仔」，例如 A 三花的朋友曾在一年多的時間中，花超過
兩百萬給她包裝，詳見下一小節的引文。至於花不起大錢，或者不是那麼大
方給賞金的戲箱，就是「細咖戲箱」，一般藝人會稱之爲「細咖仔」；而 A 小

〔註10〕　受訪者：I 小生。時間：2008 年 1 月 26 日 18：00～20：15。地點：台北御書
　　　　園。

〔註11〕　受訪者：A 小生。。時間：2008 年 1 月 19 日下午 15：00～16：00。地點：A
　　　　小生家客廳。備註：J 小生和 B 三花陪筆者一起進行訪談。

生所說的「番仔火箱仔」是內台歌仔戲盛行階段對更「細咖戲箱」的嘲諷語，這個詞彙的使用目前比較不那麼普遍。

　　當然有些被藝人視爲「大咖仔」的戲箱，在其他的藝人眼中可能只是「細咖仔」而已。例如有次聚餐時，某小旦跟筆者說某某人就是「大咖仔」，事後某小生卻又跟筆者說某某人不能算是「大咖仔」，她說或許在其他人眼裡某某人的出手大方已可算是「大咖仔」，但在她眼中，那也只是「細咖仔」。

　　而「大咖仔」既是慷慨的戲箱，她（他）對藝人的重要性不言而喻，不僅她（他）會想掌握藝人，藝人也會想掌握她（他）。J小生說：

　　J 小生：那有一種就是專門給妳貼賞的，比較「大咖仔」，他就都要
　　　　　　將妳掌握啊。要掌握妳的行蹤，妳的朋友群，要掌握妳今
　　　　　　天做什麼，什麼人給妳賞多少……她會去掌握妳的一切，
　　　　　　要瞭解妳的一切。

　　筆　者：這叫做大咖戲箱嗎？

　　J 小生：「卡大咖仔」。（比較大的戲箱之意）

　　筆　者：「卡大咖仔」？不是叫「大咖戲箱」？

　　J 小生：大咖戲箱是我自己取的，若依一般，依她們在說的，都不
　　　　　　是這樣說……

　　筆　者：「大咖仔」也是演員要掌握的？應該不是吧？

　　J 小生：有啊，有的演員也是想要掌握她，因爲她比較有錢啊……

　　筆　者：是演員想掌握她的？妳剛剛不是說……

　　J 小生：她也是會掌握演員，比如說妳給我賞比較多，妳就專心要
　　　　　　對我好，然後妳就會……比較會耍大牌，換妳對我比較大
　　　　　　牌。她就會要知道今天誰給妳賞多少，要知道說誰對妳比
　　　　　　較好，妳對誰比較好，妳跟誰出去吃飯，她就都要瞭若指
　　　　　　掌，妳的行蹤……這種也很多，這就是比較有錢，「卡大咖
　　　　　　仔」。〔註12〕

「大咖仔」對藝人的金錢付出十分可觀，既然付出那麼多，她（他）在藝人心中的「地位」就比較高，藝人會想緊抓住她（他），而她（他）自然也會因此擺高姿態，要求知道藝人的行蹤、日常一切活動。在田調的過程中，發現

〔註12〕受訪者：J小生。時間：2008年1月18日13：00～14：00。地點：J小生家
　　　　客廳。

某人一旦被視為某藝人的朋友，那某人若去看別團的演出，某藝人心裡其實不會開心，會質疑某人是否「變心」了。這類外界看似平常的小事，在這個圈子裡卻經常掀起風波，當然只有身處這個圈子的人才會明瞭其中的暗濤洶湧。

（四）乾姊／妹、乾媽／爸

許多歌仔戲藝人都有一堆乾姊妹、乾爸媽，或是乾女兒乾兒子（藝人會認戲箱的兒女為乾孩子，通常比較像是口頭上認的，藝人若是認真想收養的，通常是女兒）。認親認戚在這個圈子裡是很普遍的現象，例如 A 三八在菲律賓演出時，曾有 108 個乾爸。〔註 13〕筆者曾問 J 小生，通常在什麼樣的情況下，會認朋友當乾媽或乾姊妹，她說多數是起鬨的關係：

> 是起鬨的關係，或者是比如說妳跟我說：「喂，她對妳很有那個意思呢！她還滿喜歡妳，而且她也不錯，有錢啊，她會給妳貼賞啊，不然妳不會認她起來當乾媽……」就會這樣子起鬨，然後她就會跟那個人說：「啊她很乖呢！對妳非常親，不然妳就……」通常都是起鬨，有的演員也會覺得說這個人對我不錯，她的年齡就比較大，但是沒有理由再延續下去啊，啊那不然就將她認起來當乾媽啊，就有一個名義啊，有一個名義後面要走會走比較長……所以才會將她認起來做乾媽。〔註 14〕

當然會被「起鬨」的先決條件就是藝人覺得她這個朋友對自己真的挺不錯，加上她可能是「大咖仔」，為了延續彼此的「緣分」，鞏固感情，於是便讓彼此多了一層親戚關係。但是不並是說所有「大咖仔」都容易「升級」為乾某某，這兩者並無必然關係。像 E 小生、I 小生是目前相當有名的外台歌仔戲小生，筆者原以為她們應該會有一堆乾姊妹或乾媽之類的。訪談之後才知道 E 小生只口頭上認過一個乾媽，沒認過什麼乾姊妹，不過倒是因乾媽又牽扯出什麼「阿姑」之類的，也認某個戲箱的一雙兒女為乾孩子，班裡幾個演員及樂師也是她的乾孩子。喜歡「牽來牽去」拉近彼此的距離畢竟還是這個圈子

〔註 13〕 受訪者：A 三八。時間：2008 年 1 月 19 日 13：50～14：30。地點：A 三八家客廳。備註：J 小生陪筆者一起進行訪談。

〔註 14〕 受訪者：J 小生。時間：2008 年 1 月 18 日 13：00～14：00。地點：J 小生家客廳。

的文化。〔註15〕至於 I 小生也只正式認過一個乾媽、一個乾姐，但這個乾媽也是歌仔戲藝人，純粹是出於關愛疼惜之情而相認為乾母女，不是由戲箱或戲迷變來的，至於乾姊姊如何產生呢？I 小生說：

> 曾經有一個乾姊姊，一開始她就聊說……打電話：「我非常愛看妳的呢！妳做我的乾妹妹好不好？」她就這樣，我就說：「不然妳來戲棚看看啊」，我又不知道她長得什麼樣子，我又不認識她啊。然後她到後台來，就拿金項鍊、金什麼給妳，賞金給妳，「妳做我的乾妹妹好麼？」就是這樣啊。曾經有的就是這樣一個啦，正式的……〔註16〕

I 小生自言絕對不會去認什麼乾妹妹，但若是比她年長的跑來想認她，她又覺得這個人還不錯，才會鬆口答應，她唯一一個乾姊姊就是這樣來的。

A 三花也有許多乾媽、乾姊妹，其中一個乾姊姊就是「大咖仔」，她曾在 A 三花還是演小生的階段，一年多的時間為她花了兩百多萬。

> 筆　者：朋友最多在妳身上花多少？
>
> A 三花：最多喔？算說幫妳包裝到非常好，台上幫妳包裝，台下也幫妳包裝，差不多兩百萬超過。
>
> 筆　者：台上幫妳包裝是包裝三花嗎？還是？
>
> A 三花：小生。
>
> 筆　者：是剛才說的那兩個嗎？
>
> A 三花：不是不是不是……她做小生的衣服給我做五十件以上……
>
> 筆　者：差不多幾年的中間？
>
> A 三花：ㄟ，差不多九年前。
>
> 筆　者：不是，我是說她花這多錢差不多是幾年加起來？
>
> A 三花：花這多錢差不多是一年多吧……
>
> 筆　者：那這樣她是真捨得花呢。

〔註15〕 L 小生在受訪時曾說：「很多戲迷、不認識我的人，他們就會認為說我很小氣，他們就會說：『某某人都非常小氣，見面都沒說常常……』他們說都『不會打招呼』，其實不是『打招呼』，是我知道你的來意是什麼，我不會去跟你在那邊閒扯，「牽」就對了啊，你們說的牽來牽去，我不喜歡這樣牽來牽去。那很多戲迷是會你下戲之後就要陪他們去交際應酬，喝咖啡啊，或者是你平常休息時間要陪他們出去什麼的。」

〔註16〕 受訪者：I 小生。時間：2008 年 1 月 26 日 18：00～20：15。地點：台北御書園。

  A 三花：嗯，她也將妳帶到服裝店，曾讓我換到說我不要再換衣服
      啦……

  筆　者：（笑）那是台下對嗎？

  A 三花：台下！我不要再進去換啦……

  筆　者：她也是喜歡著妳嗎？不然那會？

  A 三花：沒有，她認我做妹妹。

  筆　者：她認妳做妹妹……

  A 三花：確實的妹妹。〔註 17〕

A 三花的朋友純粹因疼惜她而認她當乾妹妹，不過有些時候小生會認某些朋友為乾姊妹是因為她知道對方對自己可能有情愫，為了防止「失控」，又讓彼此友好關係不變，所以乾脆把對方認作乾姊妹。J 小生說：

  對！妳對我有意思，我就跟妳說：「不然我認妳做小妹」，或是說「我
  認妳做姊姊」，因為就有姊妹之稱啊，就沒有可能有情愫……就可以
  擋起來。妳知道嗎？但是關係也是還一直在進行啊，妳也是可以再
  繼續給我貼賞啊，妳也是可以做花圈給我，也是可以送花給我，但
  是我們那個感情就不會發生啊，就是避免一些麻煩……〔註 18〕

對藝人的朋友而言，被認做藝人的乾姊妹或乾爸媽通常是一件很開心驕傲的事，而有些藝人則認為一旦認做乾母女或乾姊妹之類的，便得注意對方的感受，因為畢竟她們的「地位」不同了。至於藝人若認某人為乾女兒/乾兒子，通常只是為了拉近彼此的關係，跟賞金無涉，如藝人認演員或樂師為乾孩子，是為了鞏固彼此的合作關係，藝人絕不會期待他們為自己貼賞；若是認戲箱的兒女為乾女兒/乾兒子，可能是出於憐惜之情，另一方面也是為了拉近跟戲箱的關係。而演員、樂師、戲箱之子，這些人藝人通常不會以「朋友」稱之，因此不列入本節「朋友」的行列中。

（五）同性情人

  因為環境的關係，歌仔戲這個圈子有許多同性伴侶，而她們也會習慣用「朋友」來介紹、稱呼自己或其他人親密的枕邊人。內台時期相當有名的 A

〔註 17〕　受訪者：A 三花。時間：2008 年 1 月 23 日 14：10～15：15。地點：A 三花
    家中客廳。

〔註 18〕　受訪者：J 小生。時間：2008 年 1 月 18 日 13：00～14：00。地點：J 小生家
    客廳。

小生說了一個她自己個人的經驗，她說她二十幾歲時曾交了一個朋友，是基隆某藥房的老闆娘，某日她依照當時風俗慣例早上去拜訪重要朋友（即戲箱），這個朋友買了白金首飾送她，並跟她說：「我跟妳做朋友，好麼？」A 小生說：

> 我那時候差不多二十歲左右，她就打一枚白金戒指，我去她就拿給我戴，她就問我：「我跟妳做朋友，好麼？」啊我二十三、四歲而已，我也笨笨的，我說：「啊就朋友啊？」我想說這樣就朋友啊。她說：「不是，妳聽不懂喔？妳有朋友嗎？」這樣啦。我說：「有啊！」⋯⋯我做小生怎麼可能沒有朋友！我說：「有啊，有朋友啊！」她說：「啊，妳很笨耶，我跟妳特別做朋友！」但是她說的我有稍微懷疑沒有錯，但是我就當作天真無瑕，我不和她起閧，我說：「這樣就是朋友了啊啦！我知道啦」〔註19〕

這個藥房的老闆娘其實想跟 A 小生成為一對情人，所以她問 A 小生有「朋友」嗎，而 A 小生故意裝傻混過去。其實因為這個話題牽扯到更多個人的隱私問題，所以多數的受訪者會比較拘謹一些，A 小生願意透露的也只有這些蛛絲馬跡。又如 A 小旦提到她的一個朋友時，原本也沒打算說出這個朋友跟她的特別關係，只說這個朋友都會幫她整理家務，跟她感情很好，不過沒有給賞金，但是卻會給生活費。

> 筆　者：沒有給賞金，可是⋯⋯
>
> A 小旦：沒有給賞金，可是有給生活費啦⋯⋯（笑）她沒有在貼賞金，她有給生活費啦⋯⋯
>
> 筆　者：（笑）沒有給賞金，有給生活費？這要算什麼？
>
> J 小生：算枕邊人。
>
> 筆　者：是嗎？
>
> A 小旦：對啊，那就算室友啊！
>
> J 小生：那是她比較親的朋友啊！
>
> A 小旦：比較親的朋友，她比較會幫我打理我家⋯⋯
>
> J 小生：朋友的定義啊！
>
> A 小旦：對啊，那也是朋友的定義啊，那就等於生死之交的朋友。

〔註19〕 受訪者：A 小生。時間：2008 年 1 月 19 日下午 15：00～16：00。地點：A 小生家客廳。備註：J 小生陪筆者一起進行訪談。

筆　者：那算情人了吧？

J 小生：對啦！

A 小旦：那女孩子呢！

J 小生：對啦！

A 小旦：也像情人對啦！

J 小生：啊「箍仔內」〔註20〕ㄟ。

A 小旦：對啊。〔註21〕

一開始筆者還眞的弄不清 A 小旦與她這個朋友的關係，同是藝人的 J 小生卻心知肚明，在層層追問之下，A 小旦才鬆口承認這個「朋友」就是她的枕邊人。J 小生說，其實她們同行的人，當她很愼重地跟妳說：「她是我的朋友！」大概就是指對方是她的枕邊情人了。

至於爲什麼也會以「朋友」來指涉情人呢？因爲同性愛情的社會接受度畢竟不算高，C 小生便說：「一般那枕邊人也是有說是朋友啦，有的簡單說：『啊這我朋友！』當然不可能去介紹說：『這我老婆啦！』『喔，這是我『逗陣ㄟ』！』不可能介紹這樣吧，『啊這是我朋友！』」〔註22〕因爲不可能對人直接說出對方是自己的同性伴侶，所以便以「朋友」來稱呼介紹。

二、歌仔戲藝人對「朋友」的規範與希冀

（一）歌仔戲藝人對朋友的規範原則——高忠誠度

在儒家的傳統規範中，「朋友有信」是一個重要的原則，但對歌仔戲藝人而言「忠誠度」卻是「朋友」更高更重要的規範原則。許多藝人在受訪時，她們會以「知己」、「死忠」來稱呼自己重要的朋友。C 小生跟 J 小生表示：

C 小生：一種是知己，要說是知己。

J 小生：算戲迷變知己。

C 小生：對，知己就是像我說的這個，她永遠就不會改變，她也不會去說欣賞哪一個，見一個就去欣賞一個，就去愛一個，去爲那個人付出，其實也沒有。

〔註20〕即圈內人、同志的意思。

〔註21〕受訪者：A 苦旦。時間：2008 年 1 月 20 日凌晨 0：00～1：10。地點：A 苦旦家客廳。備註：J 小生陪筆者一起進行訪談。

〔註22〕受訪者：C 小生。時間：2008 年 1 月 21 日 14：30～16：30。地點：高雄芳城市庭園餐廳。備註：J 小生陪筆者一起進行訪談。

J 小生：這算知己的朋友。

C 小生：對，這算知己的。

J 小生：「死忠」的啦。〔註23〕

C 小生在受訪時，與 J 小生一搭一唱，她們認為的知己朋友，就是死忠的朋友，這樣的朋友不會「見一個愛一個」，她們永遠都是支持自己的，而且只對自己付出。

E 小生說她有一個交往二十七、八年的朋友，從看了她的演出之後，便一直跟著她，甚至辭去原本會計的工作，到劇團來幫忙。E 小生這個朋友為她付出甚多，不但為她辭去原本的工作，到劇團來幫忙，而且在 E 小生剛「整班」欠缺資金的時候，二話不說，將她所有的金子都拿去變賣好資助 E 小生，E 小生說她這個朋友就是知己的朋友。E 小生這個朋友目前依舊沒有結婚，就只是全心全意待在劇團幫忙、工作。

A 小旦也認為給她賞金，跟她認識當朋友的人，若是從少年一直到老都是她的朋友，那就是「死忠」的朋友。A 小旦說：

> 我有他的緣啦，像我演戲，他會感覺我不錯啊，他就會跟我認識，給我賞金認識這樣。他要跟我認識都一定會先給我賞金，給我賞金，請我吃宵夜，跟他認識，再來就一直做朋友啊。其實有的戲〔註24〕……
> 賞金的朋友有的都做很長，都少年做到老，那都是非常死忠的。〔註25〕

根據受訪人的說法，以及筆者自己數年田野的觀察經驗所得，很多藝人都會欣慰驕傲自己擁有許多「知己」、「死忠」的朋友。而她們所謂的知己朋友、死忠朋友指的就是忠於自己，為自己付出甚多，不會「跳槽」去欣賞別的藝人，對自己極為忠心的朋友。

（二）朋友交往的忌諱

基於「忠誠度」的規範原則，藝人當然不願意自己的朋友又跟其他藝人變成「朋友」，而藝人自己之間也有個不成文的「內行規矩」，那就是不能去搶別人的朋友。J 小生跟 A 小旦說若已知某個人已是某藝人的朋友，她們跟某人就只會是點頭之交，不會去親近對方：

〔註23〕受訪者：C 小生。時間：2008 年 1 月 21 日 14：30～16：30。地點：高雄芳城市庭園餐廳。備註：J 小生陪筆者一起進行訪談。

〔註24〕A 小旦原本應該是想說「戲箱」二字，但念頭一轉，又以「賞金的朋友」來稱呼。

〔註25〕受訪者：A 小旦。時間：2008 年 1 月 20 日凌晨 0：00～1：10。地點：A 小旦家客廳。備註：J 小生陪筆者一起進行訪談。

J 小生：對啊，那我若是看到，我也會跟她點頭，但是我不會去跟
　　　　她說：「來我那兒坐啦，來我那兒聊天……」

A 小旦：這樣不行，那是一種規矩，那是我們戲班的內行規矩。

筆　者：朋友的禁忌就是這，對麼？

A 小旦：對，就是這……

J 小生：不可以去跟人家拉啊！

A 小旦：啊有的是比較不擇手段，會拉啦。我不拉啦，我的個性不
　　　　會去拉朋友……

J 小生：有的會去拉，有的就是說：「你們來看戲喔，某小生說叫我
　　　　來載妳呢！怎樣怎樣……」

A 小旦：去拉攏就對了啦……

J 小生：硬去拉，去載，有時候也不是本人去拉，是她身邊的人去
　　　　拉……

A 小旦：比如說我愛看某小生，啊妳是我的朋友，我跟妳說：「ㄟ，
　　　　我們去看那個小生。」現在我帶妳來，跟某小生認識，妳
　　　　就是某小生的朋友，啊我也是某小生的朋友……

J 小生：結果我又跑來跟妳說：「我帶妳來去跟 J 小生認識，J 小生
　　　　比較好啦……」

A 小旦：這樣就不行啊，這樣就破壞那種行規……不過很多人會破
　　　　壞這種行規妳放心，那是我比較不要這樣，因為我的感覺
　　　　是說有緣份，跟我認識，聊天做什麼……

J 小生：頂多我是會點頭，笑一下這樣而已，不會說特別要去跟
　　　　她……請她吃飯，特別要做什麼……我們是不會那麼無聊。

A 小旦：不會！〔註26〕

多數的歌仔戲藝人都有個共識，就是某某人已是某藝人的朋友，那其他藝人
理論上就不會跟某某人深交，這是歌仔戲班的「內行規矩」。當然也有不少藝
人會去破壞這個規矩，那在其他藝人的心裡，就會覺得她（他）跟某藝人的
朋友變成朋友的過程是用手段、耍心機的。不過有一個特殊的狀況，就筆者
所知台北有個非常有錢的戲箱，表面上她同時是幾個名小生的朋友，幾個名

〔註26〕受訪者：A 小旦。時間：2008 年 1 月 20 日凌晨 0：00～1：10。地點：A 小
　　　　旦家客廳。備註：J 小生陪筆者一起進行訪談。

小生也都會說某某人是自己的朋友，但 J 小生跟筆者說，其實大家心知肚明那個戲箱是誰的朋友，只是因為她非常有錢，又喜歡跟小生做朋友，所以幾個小生也就「不忌諱」跟那位戲箱往來。〔註27〕

從另一方面來看，除了藝人之間不能互相搶朋友之外，朋友自己也不能跟其他藝人變成朋友，否則他便會失去原來的藝人朋友。簡單來說，若甲是 A 藝人的朋友，那甲便不可能又是 B 藝人的朋友，或許在甲自己的認定中不是這樣子，但對歌仔戲藝人來說，這是個很清楚的界線，你若是其他藝人的朋友，那你便不可能是我心裡認定的朋友。

像 I 小生受訪時時，被問到歌仔戲的朋友交往是否有些禁忌，或是不成文的行規，I 小生馬上知道訪問者想要問的是什麼，雖然她不認為這是禁忌，但她也說自然而然就是會產生某些上述的原則與現象。

筆　　者：那歌仔戲對朋友有什麼禁忌嗎？

I 小生：禁忌喔？

筆　　者：或是不成文的一些行規？

I 小生：我知道你要問的可能就是說「你的朋友跟我的朋友」這個問題對不對？

筆　　者：對對對。

I 小生：（笑）妳應該就是要問這個問題。其實這個沒有什麼禁忌或是行規啦，但是就是大家自然而然會變成是這樣子啦。

〔註28〕

I 小生在舉例說明不能同時成為兩個藝人以上的朋友之原因後，又說若她一旦知道她的朋友跟其他藝人有較密切的接觸時，那這個朋友就不會再是她心裡認定的朋友了。I 小生說：

我不會阻止我朋友去跟任何人說話，當然啦是這樣說一定是會啦〔註29〕，但是私底下有深交的話，我知道你私底下跟他會有來往的話，我跟

〔註27〕 這位有錢的戲箱，她真正的朋友是南部某知名小生，這位小生會在「小月」沒戲時北上「收租」，跟她的朋友們見面，朋友就會帶她去買她想要的東西，如名牌包包。

〔註28〕 受訪者：I 小生。時間：2008 年 1 月 26 日 18：00～20：15。地點：台北御書園。

〔註29〕 受訪者：I 小生。時間：2008 年 1 月 26 日 18：00～20：15。地點：台北御書園。

　　你可能就是不會……君子之交淡如水，我可能不會跟你説比較深層

　　的事，或是跟你更深層的交往，因爲我不喜歡有是非啦。〔註30〕

當一個人若是想同時成爲兩個歌仔戲藝人的朋友，那他就會被視爲不忠心的
朋友，甚至被冠上「戲班抹布」的不雅封號。J小生表示：

　　J 小生：她不只看妳，有時候她也會去看別人，但是她就是都沒在

　　　　　　貼賞的，沒貼的……

　　筆　　者：那叫做「戲班桌布」（台語）喔？

　　J 小生：對，戲班抹布，這就比較難聽。……意思説妳有時候來這沾

　　　　　　一沾、擦一擦，有時候就跑去別班擦一擦……

　　筆　　者：所以「戲班抹布」到底是什麼意思？

　　J 小生：就是這個人對妳不忠心啦，對妳這個劇團，對妳這個演員

　　　　　　不忠心啦，會跑來跑去，她喜歡的不是只有妳而已，就會

　　　　　　四處跑，那種的就是不忠心的戲迷，不忠心的朋友，人就

　　　　　　會跟她翻臉説：「那沒有用啦，那戲班桌布啦。」

　　筆　　者：她不給賞金？又喜歡好多個？

　　J 小生：對對對，不給賞金，沒重點的……

　　筆　　者：沒重點的？

　　J 小生：就是比如説這個人的存在是沒重點的，那叫做戲班桌布。

　　筆　　者：那就跟一般的觀眾一樣啊？

　　J 小生：不一樣啊，一般觀眾她不會來接近妳……

　　筆　　者：戲班桌布就會？

　　J 小生：她來接近妳，比如説她來接近妳的生活圈、朋友圈，但是

　　　　　　她這聽聽，就過去那兒説説，並不是忠心於妳……所謂的

　　　　　　稱呼：戲班桌布。比較不好聽啦。〔註31〕

歌仔戲演員心裡既忌諱其他藝人搶自己的朋友，也厭惡自己的朋友想結交其
他藝人，所以便諷刺這種朋友是不忠心的朋友，是「戲班抹布」，其功用宛如
抹布那般東擦西擦而已。

〔註30〕受訪者：I 小生。時間：2008 年 1 月 26 日 18：00～20：15。地點：台北御書
　　　　園。

〔註31〕受訪者：J 小生。時間：2008 年 1 月 18 日 13：00～14：00。地點：J 小生家
　　　　客廳。

三、「朋友」交往禁忌的原因探究

　　為什麼歌仔戲藝人對於朋友的最高規範會是「忠誠度」？為什麼甲若是 A 藝人的朋友，就不能是 B 藝人的朋友？因為她們是歌仔戲藝人，是在需要光鮮亮麗站在舞台上的藝人，想要「光鮮亮麗」是要付出代價的，而這個代價光靠正常的演出收入是不足以支付的，通常是需要朋友幫忙付出的。除了光鮮亮麗的需求外，舞台藝人是公眾人物，她（他）們的一切常是台下戲迷觀眾關注的焦點，因此她（他）們會有壓力，不希望私生活一直被窺探、被討論，所以一些朋友交往的內班行規便慢慢形成。

（一）隱私安全

　　L 小生在受訪時講了一個台下觀眾看戲很普遍的現象，那就是跟觀眾距離很近，甚至可以產生互動的外台演出場域，演員只要一出場，台下認識她的人可能就會開始說起這個演員的點滴給周遭的人聽。L 小生說：

> 就開始炫耀，講一堆，然後就把妳家祖宗八代都抖出來……因為妳跟他熟，他都對妳瞭若指掌嘛，對不對？那就全部沒有任何的秘密啊，妳沒有任何的隱私，那我覺得好可怕喔，為什麼我不過是一個舞台的表演者，為什麼會搞到全台下……我覺得最煩的是來看戲不是看戲，是在講八卦耶！就很煩啊！每次一出來，他們就說：「我跟妳說那個就是她家第幾的啦，啊那個就是她們的阿姊啦，那個排第幾的，啊那個是什麼人啦……」就很好笑，就是在講妳家的事。〔註32〕

藝人對於這種台下現象有時會感到相當無奈，所以對於自己視為「朋友」的人，就會希望她（他）只忠於自己，而自己可以放心地把內心的話跟她（他）傾訴，不用擔心無意中又得罪什麼人，或是自己的隱私又曝光。I 小生也說：

> 有一種看戲的朋友就是很喜歡這邊跟妳認識，那邊又跟她認識……我比較不喜歡這樣子，其實也不是怕說怕朋友被搶，或是怎樣，因為認識多了，我又是老闆，我不希望我的朋友跟很多團員大家這樣「叮叮噹噹」……因為久了問題會很多，因為我已經說過，妳是我的朋友，我會跟妳無所不談，比如跟她們出來，我是老闆，我可能會談到我們後台的問題，內幕問題，但是我會跟妳談，我就是肯定

〔註32〕受訪者：G 小生。時間：2008 年 2 月 26 日 16：35～18：20。地點：台北內湖丹堤咖啡。

> 説妳是我的朋友，妳不會把這些事說出去。因爲有時候我們在講只
> 是一個牢騷，或是一個抱怨……〔註33〕

身爲戲班老闆的 I 小生很清楚表達自己的立場，她就是肯定是自己的朋友才會跟她抱怨一些事情，而自己情緒抒發之後，當然不希望這些負面的情緒言語輾轉傳到當事人的耳裡，這樣會造成許多的麻煩與困擾。其實不只是戲班老闆才有這些顧忌，幾乎所有的藝人都不喜歡自己的隱私安全受到威脅，所以她們會希望自己的朋友就只是自己的朋友，不要成爲「戲班抹布」，「戲班抹布」一詞反映的便是對於不忠心的朋友的鄙視、厭惡態度。

（二）面子問題

除了隱私安全之外，「面子」也是一個問題。面子問題還可以從兩個層面來討論，其一便是如下面引文 C 小生所說：

> 因爲劇團有一種感覺，妳本來是我的，屬於我的，妳又跟別人好，
> 跟別人好的時候，我會感覺說面子問題吧！妳被人搶去啊，莫非她
> 比我屬害？比較會？比較好？面子問題吧。但是總是……有的會就
> 這樣沒了，有的會再當作點頭之交。〔註34〕

這是人性比較不好的一個層面吧，很多藝人都不喜歡自己被佔有的感覺，但卻會將自己的朋友視爲自己的「專屬資產」，一旦朋友與其他藝人交好，除了心裡的失落沮喪之外，比較、嫉妒的心理也會產生，會質疑對方是否比自己好？不然自己的朋友怎麼會「轉向」、「跳槽」？這是人類很普遍的一個通病，不限於歌仔戲藝人，當然有些藝人也會認爲那都在於朋友自己的「心頭定」，也就是說朋友自己的心裡認定，能不能只認定誰是自己的朋友，不起游移之心。確實某部分事實也是如此，朋友總是來來去去，有緣則聚，無緣則散。

除了朋友「被搶」或選擇離開所造成的面子問題之外，還有另一種面子問題，那就是藝人需要朋友幫忙做面子。B 小生說：

> 有的場面，妳也知道藝界都是這樣，看這個場面人滿多的，這會競
> 爭嘛，每一團都是會去競爭的……若說大場面，有時候一個人三、
> 四十萬也在貼啊，那一個場面起來就好幾十萬都有啊，因爲那個朋

〔註33〕 受訪者：I 小生。時間：2008 年 1 月 26 日 18：00～20：15。地點：台北御書
　　　　園。
〔註34〕 受訪者：C 小生。時間：2008 年 1 月 21 日 14：30～16：30。地點：高雄芳
　　　　城市庭園餐廳。備註：J 小生陪筆者一起進行訪談。

友、那個朋友加起來，有些三萬、五萬啦，十萬、二十萬，還有五
千、一萬的啦……至少都會有五千、一萬啦，兩萬、三萬這也都有，
反正看場合啦。所以朋友為我付出太多，我常說：「做戲的以後不知
要如何還人？」〔註35〕

藝人、劇團多少會互相競爭，有些比較大的演出場面，觀眾人數很多，那「賞
金文化」便會開始作祟，有時不一定是藝人自己想要這樣，但那是一種風氣，
賞金越多表示這個藝人的身價高，朋友為了自己所支持的藝人，會努力掏出
口袋的金錢，貼賞增光，所以受者如 B 小生便有感而發，她很清楚朋友為自
己付出的有多少，太多太多了，多到不知道自己以後怎麼還人。

（三）利益關係

延續上一小節所言，「面子問題」之所以牽扯到朋友交往的禁忌，更重要
的是有利害關係，也就是利益衝突。I 小生在為筆者解釋「你的朋友跟我的朋
友」這個議題時，舉了一個例子說明其中的利益衝突。I 小生說：

比如講說……那是一種感覺問題嘛，說自私一點會這樣，比如啦，
妳這個朋友一開始來：「喔，I 小生我很欣賞，我喜歡妳，我剛開始
跟妳認識，我叫什麼名字，啊我喜歡妳，我給妳賞金。」那妳每次
來一定來找我嘛，比如是這樣講。啊對，那這個人就是喜歡我的朋
友，她就是我的朋友，我已經認識妳……比如說我已經認識妳，洪
小姐，洪瓊芳，我認識妳了，妳已經是我的朋友。但是有一些，比
如講說旁邊的演員啊會怎麼樣子啊，會看到說：「那個洪小姐對 I 小
生付出很多啊，怎樣怎樣……」如果有這種人，「啊，洪小姐妳來喔，
妳來妳來，幹嘛……」「妳要回去了？沒車喔？我載妳啦，我載妳
啦……」比如，一定會……假如有這種狀況的話，「我載妳，我載妳」
「那不好意思，就讓妳載…」啊載妳又說「啊我請妳去吃個飯，洪
小姐，我請妳吃個飯！」這樣子，那妳就被他載走了，妳不得已妳
一定要去吃飯，不能被他丟在半路嘛，比如這樣講。那這樣子過後，
那下次妳再給 I 小生賞金的時候，「我給 I 小生賞五千元，啊那天我
讓他請，我又坐他的車，不好意思，我賞他三千元。」會有這種狀

〔註35〕受訪者：B 小生。時間：2008 年 1 月 26 日 16：30～17：30。地點：台北御
書園。備註：J 小生陪筆者一起進行訪談。

況，那妳已經給他賞了三千塊以後，那以後妳每次來，「洪小姐妳來
了！」（笑）就會變成這樣，那妳這個人到後來妳也是會有困擾，到
最後她也是有困擾，我若來一遍，比如說我給妳五千，我就給他賞，
我今日賞妳，沒賞他又感到不好意思……〔註36〕

因為歌仔戲賞金文化的關係，戲箱就是會給賞金，給賞金就會有利益關係，L
小生更坦承不諱戲班朋友交往的這一層利益關係。L小生說：

那其實我從以前我在戲班的時候，我看到很多的那種所謂的戲迷
啊、戲箱那種……我不知道耶，我看到一些老前輩跟戲迷還有戲箱
的相處方式，我自己會有深深的體會，就是我認為說好像那種的交
往不是很真心的，就是純粹是利益上的往來，那種我很不喜歡，所
以我會滿排斥的。我覺得說我不需要交一大堆有的沒有的……我覺
得說要賺錢我靠我自己的能力，我能賺多少我花多少，我不需要說
一定要你們來跟我「貼紅紙」什麼的，或者是說讓你們在那邊爭寵、
吵架或幹嘛，就是為了貼紅紙什麼的。〔註37〕

有時並不是扯到利益往來便無真心，很多戲迷、戲箱是真的很喜歡她們所支
持的藝人，只是當兩者攪在一起時，便很難釐清是情分，還是利益讓彼此關
係密切，又或者兩相交織成更綿密的網而圈住彼此？

　　J小生在提到某些朋友對藝人是懷有情愫，而藝人是否會接受對方的感情
問題時，便曾說若藝人對這個朋友的感覺不錯，加上這個朋友又是「大咖仔」，
當時自己又剛好需要支援時，兩人便會結為一對。J小生說：

甚至有一種是對我有意思，啊也很捨得拿錢給我花，啊不過她想要
和我發生感情啦！就要看個人啊，看個人怎樣去跟她發展，也是有
的人會去接受啊，因為剛好感覺不錯，啊剛好她真正非常「大咖」，
啊剛好我需要，需要她的支援，就這樣一拍即合啊。〔註38〕

這樣的愛情看來好像不是很純粹的愛情，但這就是現實人生，人生在世誰能
真正跳脫「名」、「利」關卡？就連「朋」這個字，在古代都與貨幣有關，「五

〔註36〕受訪者：I小生。時間：2008年1月26日18：00～20：15。地點：台北御書
　　　　園。
〔註37〕受訪者：L小生。時間：2008年2月26日16：35～18：20。地點：內湖丹
　　　　堤咖啡。
〔註38〕受訪者：J小生。時間：2008年1月20日13：00～14：05。地點：J小生家
　　　　客廳。

貝爲朋」，而「貝」正是貨幣單位。〔註39〕「友，從二又相交」〔註40〕，兩隻相交的手就是「友」，或許正是取其互助互惠之意。本文這樣解讀「朋友」並不是爲藝人交友表現出重利傾向開脫罪名，而只是訴說一種人生現實的現象，有時候人很難跳出環境文化所給的考驗，當然也不是所有藝人都是如出一轍，跳不開名利場上恩怨糾葛。

第二節　賞金文化

　　歌仔戲的賞金文化傳習自其他劇種，在歌仔戲尚屬小戲階段，未登舞台演出時，台灣早期戲園觀戲，便有賞金風氣，如有觀者欲另點戲齣，則以賞金方式給付，或是有觀者欣賞某個演員，便以貼賞方式，贊助演員光彩。

　　一九○六年十二月十二日的《台灣日日新報》第五版曾刊登一則因班主貪圖賞金，設計觀者另點戲齣，想賺取賞金的報導，其報紙標題爲〈是何手段〉。

　　　　祥陞班自渡臺來。聞風者謂其與三慶班角演舞臺。差強人意。觀者幾如蟻之附羶。素封家多有另演而別加賞之者。或四十金乃至五十金不等。蓋視其步武科諧曲白之優劣。而爲比例差也。一時該班之掌班者。頓起利念。以爲臺灣文繡子弟。不知稼穡之艱。視泥□□□□□□□□。可絡而盡賺之。遂潛物色焉。爾日有某少君自中部來。好事者示其梗概。該掌班聞之。驟喜欲狂。居爲奇貨。即引花旦。具請帖。到某少君寓。殷請今宵辱臨敝園。賜觀一齣。榮幸不戡。某少君許諾。是夜往觀。該掌班則持戲單懇請擇齣另演。某少君擇某齣。掌班曰。不若某齣善。方猶豫時。該掌班又曰君知另演規則否。曰未之聞也。曰加冠禮二十金。總賞四十金。另賞三十金。其他種種由人風面。某少君怒曰。而演美。余不而靳。豈賣菜也而索直乎。混帳東西。是何狀態。權操自我。豈容爾干預。不顧而唾。斥之去。噫請人擇戲。由人所欲鵝食盆。豈容鴨插嘴。賞金之多少。成算在胸。何待猗猗。如是野心。而欲以強制手段。攘取

〔註39〕　（清）段玉裁：《說文解字注》二（上海市：上海古籍出版社，1995年據北京圖書館藏清嘉慶二十年經韵樓樓刻本影印），卷六下，頁600。
〔註40〕　（清）段玉裁：《說文解字注》一（上海市：上海古籍出版社，1995年據北京圖書館藏清嘉慶二十年經韵樓樓刻本影印），卷三下，頁843。

人財。何殊白晝行劫。將欲步班內張細第之後塵去乎。略誌端倪。

用示來者。〔註41〕

京班來台演出，素有加演戲齣加賞的習俗，其賞金之多寡視演員藝術優劣而定，但有不肖班主欲利用這樣的習俗賺取金錢，相中來自中部的名士，禮邀對方至戲園觀戲，然後又請對方另點戲齣，企圖牟取豐厚的賞金收入，可惜對方不入彀，班主只落得「白晝行劫」的惡名。

一九○九年另點戲齣加付賞金的風氣依舊，如《台灣日日新報》1909 年1 月28 日第五版第 3222 號：

南座之若仙戲園。自開演以來。園內皆充滿。每晝夜收入金。各五

六百圓。凡三日間。計千七百餘圓。二日夜。有安平英人海里氏。

另點火燒連營七百里一齣。賞金三十八圓。云。〔註42〕

這則報導顯示，台南若仙戲園的演出一日的門票收入約是五六百元，而加點戲齣另給賞金三十八元。

至於另點戲齣給賞金的方式是如何呢？《台灣日日新報》1910 年1 月13 日第五版第 3511 號：

淡水戲館上海班。自開演至今。已歷數月之久。加賞者寥寥無幾。

前僅臺南陳某賞金三十圓。同時嘉義林寬敏亦賞如其數。以後無能

為繼矣。此番林叔藏氏自鷺江來。前夜往觀。特點文昭關一齣遂有

紅單貼在棚柱。大書公賞二十圓。單賞十圓。與前此恰好鼎足而三

也。(賞音者)該班將終演矣。大昨夜演洛陽橋一齣。頗為推陳出新。

而最惹人目者為龍宮點戲。演出小上墳。金牡丹扮作小丑。詼諧百

出。觀者拍手喝采。洋洋盈耳。繼以十三紅演唱打棉花聲音嘹亮。

響過行雲。尤令聽者妄倦。誠開唱以來。所未有也。(戲中戲)〔註43〕

上面這則報導顯示，給賞方式為在一張紅紙上，書寫賞金數字，然後將紅紙貼於棚柱以告觀者。如林叔藏氏特點《文昭關》一戲，便以紅單書寫「公賞二十圓、單賞十圓」的字眼，貼於戲園的棚柱上。

〔註41〕徐亞湘主編：《日治時期台灣報刊戲曲資料檢索光碟》（宜蘭縣五結鄉：傳統藝術中心），2004 年9 月。

〔註42〕徐亞湘主編：《日治時期台灣報刊戲曲資料檢索光碟》（宜蘭縣五結鄉：傳統藝術中心），2004 年9 月。

〔註43〕徐亞湘主編：《日治時期台灣報刊戲曲資料檢索光碟》（宜蘭縣五結鄉：傳統藝術中心），2004 年9 月。

　　以上是另點戲齣加付賞金的例子，還有一種貼賞方式，是針對欣賞的演員給予賞金，一九一○年報刊上這類的報導便有許多則，如《台灣日日新報》1910 年 6 月 2 日第四版第 3629 號：

> 南座樂仙茶園之申班。扮演已十數天。就中最惹人耳目者爲女腳十
> 三紅。聲調關目。各盡其妙。數夜前有陳楊林三君各賞金十圓。亦
> 一知音也。〔註44〕

女演員十三紅以藝聞名，所以自有知音者以貼賞方式給予賞金。在歌仔戲興起，進入內台演出之前，賞金的內容已不限於金錢，金牌、金飾品亦已時有耳聞，或許在更早之前便已如此。

一、歌仔戲的「賞金」〔註45〕

　　歌仔戲的賞金風氣於內台時期便已達到高峰，戲迷觀眾若欣賞某個藝人或某個劇團，會以貼賞、贈金等方式賞賜其欣賞對象，內台時期名小生、小旦、三花、彩旦等行當都有過輝煌的被賞歲月，尤以小生的「賞金」最豐最多；當歌仔戲逐漸由內台轉向外台演出後，賞金文化依舊興盛，只是賞賜對象更集中在小生、小旦身上，尤其是小生行當。

　　沿襲自其他劇種的賞金風氣，歌仔戲的賞金內容也不限於金錢，內台時期多以黃金、金牌、金冠、金手鐲、金項鍊等金飾品和戲服爲主要賞賜物，至海外演出，鑽石珠寶也是常見的賞金，紙鈔現金當然更是受藝人歡迎的賞賜物。

　　當時的戲箱經常挖空心思、彼此競爭地贈送別出心裁的賞金給喜愛的演員。如歌仔戲早期名武生蕭守梨（1911～1997）曾收過戲迷費心思設計的賞金：

> 有的戲迷是把煙草弄掉一半，用十元的錢捲一捲，塞進去。一包香
> 煙有二十支，總共兩百元喔！她拿來說「這包你自己吃喔！」我就
> 知道這盒裡面有東西了。紅龜仔粿裡面藏金子，說「這紅龜仔粿你
> 自己吃喔！」我就知道這裡面有東西可以揀。〔註46〕

〔註44〕 徐亞湘主編：《日治時期台灣報刊戲曲資料檢索光碟》（宜蘭縣五結鄉：傳統藝術中心），2004 年 9 月。

〔註45〕 筆者曾於《傳藝》雙月刊第 68 期發表〈粉絲有賞——歌仔戲賞金文化〉一文。（2007 年 2 月），頁 52～55。

〔註46〕 吳紹蜜、王佩迪：《蕭守梨生命史》（臺北市：國立傳統藝術中心籌備處），2000 年 6 月，頁 22。

在蕭守梨那個年代，十元的面額已是非常大了，當時演員演出一場的薪資約是八角或是一元。〔註47〕除了在食物中藏玄機之外，演員的服飾用品也經常成為戲箱動腦的對象。蔡欣欣的《月明冰雪闌——有情阿嬤洪明雪的歌仔戲人生》一書中說：

> 如某戲迷贈送一頂黃金打造的頭冠，另一戲迷就會立刻去訂製一塊大金牌，又另一戲迷或者贈送黃金刺繡的桌被椅被等，上面多會特地烙印或繡上演員的姓名。〔註48〕

黃金打造的頭冠、金牌、黃金刺繡的桌被椅被等等都是內台時期的「賞金」。又如出生於一九三六年的洪明雪，是內台時期的名小生之一，她收過戲箱朋友以「剛領出來的新鈔捲成一捆一捆」，然後用線串起來的紙鈔串〔註49〕。現在的戲迷朋友也不遑多讓，如南部四大小生之一的陳昭香收過一束紙票花，這束紙票花由九十九朵紙鈔玫瑰所組成，每一朵玫瑰皆由九張百元紙鈔折成，象徵「愛妳長長久久」〔註50〕；同為南部四天小生的張秀琴與郭春美，也都收過以千元紙鈔排成其名字——「張秀琴」、「春美」的賞金，其金額高達二十幾萬。另外，郭春美也收過機車、全新 BMW 汽車等賞金。〔註51〕

　　可以說賞金的形式很多，以前多以金子、金牌為主要賞賜物，現在則以現金為主。賞金少則一兩千，多則數十萬，現在外台的歌仔戲演出沿襲內台時期貼賞的模式，只是會以更加直接的方式告知所有觀眾。《月明冰雪闌——有情阿嬤洪明雪的歌仔戲人生》一書中說：

> 過去在內臺戲院貼賞時，會將書寫著受賞者姓名、賞金數量與提供賞金者姓名的紅單子（稱「紅紙」或「紅面」）貼在觀眾席周遭的牆壁上，而賞金則直接送到後臺交給演員或團主，通常紅紙上的金額是實際的一倍，這樣讓給賞與受賞者都很有面子；若打賞的是鐲子、

〔註47〕 吳紹蜜、王佩迪：《蕭守梨生命史》（臺北市：國立傳統藝術中心籌備處），2000年 6 月，頁 31。

〔註48〕 蔡欣欣：《月明冰雪闌——有情阿嬤洪明雪的歌仔戲人生》（台北縣：台北縣政府文化局），2008 年 9 月，頁 69。

〔註49〕 蔡欣欣：《月明冰雪闌——有情阿嬤洪明雪的歌仔戲人生》（台北縣：台北縣政府文化局），2008 年 9 月，頁 69～70。

〔註50〕 詳見國藝會「好戲開鑼」部落格，〈武林傳說中的鈔票花大揭密〉，2007 年 1月 20 日。http://www.wretch.cc/blog/twoproject/6553954。

〔註51〕 詳見國藝會「好戲開鑼」部落格，〈春美聊賞金 2,3,事〉2007 年 4 月 2 日。http://www.wretch.cc/blog/twoproject/7411298。

> 金牌與鍊子等昂貴禮物，團主會將其先懸掛於出臺口，讓上場的受
> 賞者感到光彩；演員有時也直接將其配戴在身上，以表示對賞賜著
> 的謝意與看重。〔註52〕

外台歌仔戲的「紅紙」不只書寫賞金數字，且將紙鈔直接貼於紅紙下擺。而每當有人貼賞金時，劇團就會暫停演出，由工作人員或未出場的演員將下擺貼上現金的紅紙拿出，以麥克風宣布：感謝某人賞金多少，贊助某人或本團光彩，接著將紅紙別上後方布景，前台演員再繼續演出。紅紙中央通常會有一個大大的「賞」字，或者直接書寫賞金多少錢，並在右上方寫賞賜對象，左下方則標明賞金者姓名（通常以親友名義賞賜）。另有一種貼賞方式是將賞金放置在紅包袋中，然後將紅包袋懸置在布景前方的一條鋼絲上。

目前一些知名的外台女小生，如王蘭花、張秀琴（外號阿牛）、郭春美、陳昭香等人，在一些大場面的演出或是拚台場合，都收過超過十萬元的賞金。

根據筆者的田調，在一九九〇年代左右，台灣南部的貼賞風氣還很盛行，那段時間會反串小生的 A 三花表示，她在一九九一年至一九九六年的這段時間於台南演出，每個月平均的賞金高達四萬元，遠遠超出團長所給予的薪資。但目前貼賞風氣只有北部比較盛行，南部戲箱朋友都轉以製作戲服相贈為多，或者沿襲舊有傳統，戲箱會帶自己所欣賞的藝人去買藝人所需的東西。

二、賞金的意涵

這些乍看之下頗為可觀的賞金，其實有著其他的解讀空間，也代表著某種特殊的語彙，對藝人而言，賞金可能是種藝術肯定、一股支持力量、一筆額外收入，或者是一場應酬的預約。對貼賞者而言，賞金可能是某種情義支持或情慾慾望的投射。

（一）交友語彙

編、導、演三兼的坤生米雪受訪時很直接地表示：「會貼賞金，最主要就是想要跟你打招呼、交朋友。」〔註53〕這是歌仔戲藝人了然於心的認知，戲迷的表現就如同歌仔戲的表演藝術，表情達意總是那麼直接，喜歡一個人，

〔註52〕 蔡欣欣：《月明冰雪闌——有情阿嬤洪明雪的歌仔戲人生》（台北縣：台北縣政府文化局），2008 年 9 月，頁 69。

〔註53〕 受訪者：陳潯玲（米雪）。詳見洪瓊芳：〈粉絲有賞——歌仔戲賞金文化〉，《傳藝》雙月刊第 68 期（2007 年 2 月），頁 52～55。

便以貼賞金的方式讓他知道。A 小旦受訪時也很直接地說「他要跟我認識，都一定會先給我賞金，給我賞金，請我吃宵夜，跟他認識，再來就一直做朋友啊。」〔註 54〕I 小生也說：「這個人已經擺明是欣賞我，他已經給我賞金，是我的朋友。」〔註 55〕「貼賞」與「朋友」有了密切的關連，當然有人的「交友」很單純，或者說未曾深入探究自己的內心，就只是因為欣賞某藝人，所以「隨俗」跟著貼賞，有些戲箱則是「勢在必得」，會砸大把的鈔票，讓藝人不記住他都難。米雪說：

> 有時陣悠（她們）眞敢也眞敢甘，出手攏袂手軟，五萬、十萬一直貼下去，説卡歹聽一點，就是用錢槓人……煞戲後，悠那説要請阮吃宵夜，阮那説毋去也會歹勢……〔註 56〕

以錢壓人，或者說以重金表達他交友的誠意，前者的狀況，K 小生也曾遇過。K 小生說：

> 還有一次二十二歲時，之前帝王大飯店的老老闆，他請我們去演戲，在他們自己的家，他第二天就給我貼賞貼十萬，我是拒絕也不行，不拿也不行，結果我也是貼出去，散戲後，我就私底下說：「董仔，這個錢不好意思啦！」他説：「沒關係啦，妳就今晚跟董仔一起出來吃一下飯就好了。」我説：「不過我要顧戲棚，不然我就拿個兩千元當個意思，大家都不知道。」他後來就叫一個小弟開一張票上來給我，價錢要隨便我填，結果我把那張支票撕了。〔註 57〕

不是所有的賞金，藝人都會來者不拒的，K 小生當時不敢收賞，是「因為我想這個若收下去，晚上他不知道會叫我去跟他做什麼。」〔註 58〕她有種防備心，可能因為她跟這位老老闆還不太熟，她不清楚對方是否有其他的目的，所以寧願不收賞金。通常若眞的懷抱某種目的以貼賞企圖交友的人，往往在貼了

〔註 54〕受訪者：A 苦旦。時間：2008 年 1 月 20 日凌晨 0：00～1：10。地點：A 苦旦家客廳。備註：J 小生陪筆者一起進行訪談。

〔註 55〕受訪者：I 小生。時間：2008 年 1 月 26 日 18：00～20：15。地點：台北御書園。

〔註 56〕受訪者：陳潏玲（米雪）。詳見洪瓊芳：〈粉絲有賞——歌仔戲賞金文化〉，《傳藝》雙月刊第 68 期（2007 年 2 月），頁 52～55。

〔註 57〕受訪者：K 小生。時間：2009 年 12 月 24 日 14：45～16：45。地點：屏東 K 小生家客廳。

〔註 58〕受訪者：K 小生。時間：2009 年 12 月 24 日 14：45～16：45。地點：屏東 K 小生家客廳。

幾次賞金還達不到目的後，便不會再貼賞了，如 A 小旦遇過幾次這樣的例子，對方懷著跟她結婚的目的去貼賞，但 A 小旦沒有遂他的心意，之後對方便不會再貼賞了。A 小旦說：

> 差不多年齡層跟妳比較接近，還是說三、四十歲人那種的，男人在
> 給妳貼賞就是想要娶妳。像以前鹿港那個就是這樣，他很有錢，做
> 木材的，他就肖想要娶我，我就不要啊，不要他就不會再貼賞啊，
> 差不多給妳賞五、六次，下次就不曾給妳貼賞了……〔註59〕

這是小旦比較容易碰到的狀況，一般小生比較不會有這種問題，因為會給小生貼賞的男性不多，多數都是一些歐巴桑，或者貴太太，她們通常都是懷著純交友的心態貼賞。可以這樣說，「貼賞」是戲箱跟藝人交朋友的某種語彙，因為「貼賞金」而有了聚餐相識的機會，若相談甚歡，或者多次「貼賞金」，有些戲箱跟藝人就會成了朋友；或者不一定是貼賞，是送東西，吃的、喝的、用的，小至一杯飲料，大至昂貴的禮物，透過這樣的交流，觀眾會跟演員慢慢認識，然後成為朋友，像第一節所引的 I 小生訪談，許多觀眾是在台下幫演員拍照，然後將洗好的照片送到後台給演員，久了之後演員會記住那位送照片的人，透過這樣的交流，多次互動之後，演員跟她也會成為朋友。而送東西也算是賞金形式的一種，且一般送照片都只是開始，慢慢地就會送一些日常所需用品，如食物、保養品、化妝品、衣物、飾品等等。

當演員將某些人視為朋友，而且是重要的朋友，戲箱家若有婚喪喜事，有些藝人也會「紅包」、「白包」跟著「陪對」〔註60〕。至於藝人會將對方視為哪種意義的「朋友」，也就是跟「朋友」的交情會深到什麼程度，會不會有情感牽扯，這就看個人以及緣分了。不過一般說來，小生的境遇會比小旦好，因為小生本就是觀眾戲迷「眾星拱月」的對象，戲迷戲箱都比較習慣與人「分享」小生的點滴，而少數觀眾瘋迷小旦是會以貼賞金的方式表達「勢在必得」愛意，動機便比較可議。

（二）面子文化

好面子、重體面是庶民文化很常見的現象，這不只體現在藝人身上，請主、戲迷、戲箱亦然。米雪說：

〔註59〕受訪者：A 小旦。時間：2008 年 1 月 20 日凌晨 0：00～1：10。地點：A 小
　　　　旦家客廳。備註：J 小生陪筆者一起進行訪談。

〔註60〕意思是指藝人的朋友家若有婚喪喜慶，藝人也得跟著送禮、包錢、給奠儀。

> 主家會貼賞金，通常是在點戲、點歌的情形下，因爲現在主家請戲
> 班來做戲，很少有人會點戲，攏是戲班自己決定戲齣，若是主家特
> 別點戲，抑是說點要聽哪一條歌，伊就會貼賞金……還有一種情形，
> 戲金較少時，主家也會貼賞金補貼戲班……甘願戲金少，以貼賞金
> 的方式沓頭沓尾（貼補不足之意），按呢伊嘛感覺較有面子。〔註61〕

有些請主寧願貼賞金給劇團，也不願意調高戲金數字，因爲賞金一貼，劇團
便會廣播給眾人知道，請主便覺臉上有光，所以「賞金」的多寡有時並不能
代表眞實的數字。再者沿襲內台以來的傳統，某些劇團貼賞時，依舊會以雙
倍數字公告賞金金額，如戲箱觀眾若貼六千，紅紙上及廣播時會說一萬二。J
小生說了一個她親身的案例，有次在南部演戲，她的乾媽來看戲，並給她五
萬元的賞金，她要劇團的學戲囝仔在紅紙上寫六萬元，但學戲囝仔跟她說：「團
主不是說都要寫雙倍嗎？」J小生說：

> 有一次我乾媽不是賞我五萬？我就跟她說貼六萬，花花說：「團主說
> 要貼十二萬，要雙倍，她被貼賞都貼雙倍。」我說：「太離譜了，哪
> 有這麼好的事，賞五萬貼六萬已經是很好的事！」〔註62〕

花花所屬的劇團，會有貼雙倍的風氣，但筆者訪問了多位小生，多數都說是
實賞實貼的狀況，會貼雙倍可能是在拚台、或者是大場面時，一般民戲演出
不太會這樣。而且外台演出會直接將紙鈔貼於紅紙上，因此若賞六千貼一萬
二，那紅紙下擺的紙鈔是會貼六千還是一萬二？J小生認爲很少觀眾會眞的去
數紙鈔金額：

> 筆　者：可是不是都實際貼上去嗎？
>
> J小生：對啊，都實際貼上去啊
>
> 筆　者：可是六千不就要自己拿出來貼？
>
> J小生：不用啊，就寫的部分，貼還是貼實際的，反正那麼遠又看
> 　　　　不清楚……
>
> 筆　者：如果眞的有人去數呢？
>
> J小生：很少，而且是寫在單子上，又不是眞的在算錢，有的就是
> 　　　　貼個意思啊！〔註63〕

〔註61〕 受訪者：陳潘玲（米雪）。詳見洪瓊芳：〈粉絲有賞──歌仔戲賞金文化〉，《傳
藝》雙月刊第68期（2007年2月），頁52～55。

〔註62〕 受訪者：A小旦。時間：2008年1月20日凌晨0：00～1：10。地點：A小
旦家客廳。備註：J小生陪筆者一起進行訪談。

〔註63〕 受訪者：A小旦。時間：2008年1月20日凌晨0：00～1：10。地點：A小

J小生的意思是說紅紙上會書寫一萬二元的賞金數字，但是紅紙下擺只會貼朋友送來的實際賞金六千元紙鈔，這張紅紙是別在舞台後方的布景上，離觀眾還有一段距離，很少有人會去核對書寫的賞金數字跟實際貼在那兒的紙鈔有無出入。筆者看過幾次貼賞情形，E小生的劇團北上演出民戲時，經常有貼賞的情形，幾位要角都有支持的朋友為她們貼賞，每一張紅紙大約是三千到一萬，那時筆者就會去看賞金數字跟紙鈔金額是否相吻合，因為金額都不算大，所以很容易確認，未曾發現有出入的狀況。而劇團若在當地連演三天，第一天演出結束會將紅紙上的紙鈔拿下，紅紙依舊別在布景上，第二天有朋友貼賞的話就繼續將新的紅紙（含紙鈔）貼上去，演出結束再將紙鈔拿下，如此反覆三天，第三天的演出通常就是一片紅的狀態，確實讓人覺得這個劇團好像非常受歡迎的樣子，才有這麼多人一直貼賞。

　　至於貼雙倍是如J小生所說是給藝人面子，也是給貼賞者面子，還是只是給藝人面子增光而已？I小生認為那只是演員自己愛面子，因為一般戲箱都以「親友」的名義貼賞金，一來表示跟藝人的情感很好，如同親人，二來是擔心先生家人知道，所以不好直接以真名示人。既然都是以「親友」名義貼賞，台下觀眾誰知道是誰貼的？所以貼雙倍是演員為了增光自己的面子的因素興許更多些吧！

　　總之戲箱貼賞金最常見的心態是為了捧小生、主角的場，為所支持的藝人做面子，或者有時是戲箱間在較勁，以賞金的多寡來證明自己對藝人的支持程度。例如不同劇團彼此較勁，當一團被貼賞時，另一團的朋友通常就會跟進，不想讓自己所支持的藝人被比下去，就會這樣一直貼，金額一直添上去。或者是同一團的演員，幾個主角的朋友彼此別苗頭，如副生先被賞，小生的朋友絕對不可能保持沈默，會趕緊跟進貼賞，賞金一定要超過副生的才行，因為小生是主角。那如果同是二路小生，或是許多演員都被貼賞了，某個在班裡地位不算低的演員卻沒被貼賞，那她可能會自己找朋友來貼賞，或是自己掏腰包假借他人名義為自己貼賞。J小生說：

> 同樣演員出去，八個人被賞，妳沒被賞也會很沒面子，是不是這樣？
> 同樣三個主角、四個主角，兩個生兩個旦，那個小生被賞成這樣，
> 那個旦被賞成這樣，另一個沒被賞的會被比下去，會不好意思，在

旦家客廳。備註：J小生陪筆者一起進行訪談。

　　台北會競爭就是會不好意思。會不好意思就會自己去想辦法，演員

　　會自己想辦法，叫朋友賞啊，不然就自己先掏腰包，先拿出來貼個

　　面子啊，都會啦，這種東西都會啦。〔註64〕

這樣的面子文化有時會讓演員跟朋友都疲憊，但是它目前依舊是戲班很重要的文化內涵，就像舞台演出重排場、重服飾門面一般，演員也重顏面，尤其是知名的小生更是。在受訪的十幾位小生中，有好幾位提過若在知名的戲班裡，她們不敢直接讓朋友貼賞，怕當家小生會不開心，如 F 小生、P 小生都有這樣的顧忌，P 小生說她是直接退還賞金，F 小生是告知朋友私底下給她紅包就好。

（三）情義支持

　　相對於台上明給的賞金，有的人是暗暗給賞金，私底下塞給喜歡的藝人。米雪說：

　　像阮客媽阿（乾媽）伊就很疼我，伊有一擺來看阮做戲，那天我只

　　有兩台戲，而且只是做旗軍，伊嘛是偷偷攑（塞）錢給我，我說毋

　　通（不可以）啦，伊是錢丟著人就走……〔註65〕

有些戲迷、朋友、乾媽是很真心疼愛她所支持的藝人，他們不一定是因為藝人演技精湛，或者為藝人為自己捧場做面子，而是某種「愛到深處無怨尤」的情感，驅使他們竭盡自己所有去「資助」藝人。

　　像 E 小生有個令她又愛又惱的支持者，她是位上了年紀的老太太，她很喜歡看 E 小生演戲，也經常會「給賞」，不過她「給賞」的行為卻造成 E 小生的困擾。她會在戲開演的前後，有時是在台下叫住 E 小生，有時是到後台喚 E 小生下來，她像是疼愛自己小孩般要給孩子錢，她會慈祥地看著 E 小生，然後慢慢地從口袋裡把新台幣拿出來，接著將紙鈔一張一張緩慢地遞給 E 小生。若旁邊沒有其他觀眾就還好，但是以 E 小生知名的程度，開演前的戲班周圍怎可能沒有觀眾？那時 E 小生就很難為情，她不是不想要賞金，而是這位慈祥的老太太緩慢的遞錢動作容易讓其餘觀眾誤會，以為是 E 小生在跟她討賞金，但實際上 E 小生說她絕不會主動開口要求朋友給賞金的。

〔註64〕　受訪者：A 小旦。時間：2008 年 1 月 20 日凌晨 0：00～1：10。地點：A 小　旦家客廳。備註：J 小生陪筆者一起進行訪談。

〔註65〕　受訪者：陳湣玲（米雪）。詳見洪瓊芳：〈粉絲有賞──歌仔戲賞金文化〉，《傳　藝》雙月刊第 68 期（2007 年 2 月），頁 52～55。

　　這位老太太不一定是經濟寬裕的狀態，她的錢或許是兒女給她的生活費或是零用錢，她只是愛看戲，希望能幫助自己所支持的藝人，所以會一再解囊相贈。有幾位藝人受訪時都說過，她們其實清楚自己朋友的經濟狀況，對於那些明明沒有什麼錢，卻堅持要為自己做面子貼賞的人，藝人往往會在事後把賞金退還給朋友，她們接受朋友的情義支持，但也不希望因此讓拮据的朋友更陷入經濟窘迫狀態，如 E 小生也曾將賞金退還給朋友。E 小生說：

> 曾經也有很好的朋友挺我，挺我，啊我知道她經濟不好了啊，啊貼，私下我就會還給她……還給她啊，這她們都知道啊（指在訪談現場的朋友都知道這件事）。妳有面子就好啊，我就趕緊私下還她，知道妳還怕我漏氣，啊硬擠硬湊，這樣我也會捨不得啊！〔註66〕

E 小生雖如其他知名藝人般重視賞金文化，但她對朋友的慷慨也是出名的，不會只是一直想賺賞金，她常在朋友貼賞後請大家吃飯，堅持由她出錢。而且她也會為自己的姪女小旦做面子，怕小旦失了面子，畢竟小旦的朋友不比小生多，加上這個小旦又是不喜應酬的人，會貼賞的朋友就更少了，因此在台北演出時她多次慷慨解囊假他人之名貼賞給自家小旦，E 小生對小旦的情分也算是某種情義支持吧！

（四）藝術肯定

　　因為肯定演員的藝術而貼賞金的情形，算是一般人比較熟悉的狀況，這也是給予演員最大鼓舞的力量之一。米雪說：

> 有時陣觀眾看阮在台上一直翻，抑是看某人腳步手路特別好，抑是說唱戲唱甲真好聽，嘛是會貼賞金，這算是對阮藝術的一種肯定。〔註67〕

其實很多戲迷或是戲箱，會喜愛上某個演員或是歌仔戲，多半是因為看到戲臺上的演出，被演員所塑造出來的舞台人物所吸引，而那就是屬於藝術的層次。演員透過唱唸做打及妝扮等表演手段，詮釋某個劇中人，或者鋪演某段歷史、某種人生片段，這樣的藝術展示吸引了台下的觀眾。有的人可能會因此喜歡看歌仔戲，有的人可能會迷上某幾個演員，進而由出於喜愛欣賞的心

〔註66〕　受訪者：E 小生。時間：2008 年 1 月 23 日 01：10～02：20。地點：J 小生家客廳。備註：在場者還有 J 小生和 E 小生兩位朋友。

〔註67〕　受訪者：陳潛玲（米雪）。詳見洪瓊芳：〈粉絲有賞——歌仔戲賞金文化〉，《傳藝》雙月刊第 68 期（2007 年 2 月），頁 52～55。

態，以貼賞方式表示支持鼓勵，或者就成為戲迷戲箱，以各種方式給予賞金，如做服飾、買演員所欠缺的東西、直接貼賞或給紅包等等。

　　善演風流帥氣型人物的 G 小生說許多觀眾會欣賞她這樣風格的表演，尤其演那種壞壞型的男子，會引起許多女性觀眾的共鳴，「男人不壞，女人不愛」，對於這類人物總是令女性又愛又恨，而當最後這類男子悔悟或者情感遭受重創而落下眼淚時，台下某些觀眾也會跟著落淚，甚至十分不捨台上的人物遭此境遇。G 小生說：

> 台下觀眾就是會以一種欣賞的眼光，我曾演哭戲，哭到讓台下觀眾
> 拿衛生紙給我擦眼淚（笑），有這樣子。我是比較注重台下的觀眾，
> 我的戲路是比較流氓型的，就是比較帥氣型的，那觀眾都會欣賞，
> 那我們會引得她們一直流淚一直流淚，我們就有一種成就感，觀眾
> 哭成這樣子。〔註 68〕

G 小生以她擅長的藝術表演讓觀眾跟著落淚時，她覺得自己就會有種成就感，因為那代表觀眾肯定了她的演技，融入了她透過表演架設出來的情境裡，而她的某些賞金就是由此而來。

　　目前南部貼賞的風氣已經不盛行，賞金牌、金飾品、鑽石等更是少之又少，北部則還維持貼賞的風氣，不過也以貼現金為主。女小生米雪認為：「北部看戲的卡愛面子，嘛有一點貴夫人的心態，所以台北貼賞金就卡多，南部即馬（現在）差不多沒哩貼賞金啊……」〔註 69〕A 小生、A 彩旦、B 彩旦所說的風光的內台貼賞文化，目前只在幾位名小生身上還可以看到，或者到新加坡等地表演還有很濃厚的貼賞風氣〔註 70〕，其餘便只在一些大場面或是拚台的演出，才又會出現「瘋狂」的貼賞景象。

　　不過不論是做為交友語彙、面子文化、情義支持，或是藝術肯定的意涵表現，貼賞金所展現出的特殊文化其實還牽扯到藝人比較不為人知的一面，或者說是比較無奈的心情。米雪說：

〔註 68〕受訪者：G 小生。時間：2009 年 12 月 23 日 15：35～16：30。地點：高雄鳳
　　　　山金礦咖啡。

〔註 69〕受訪者：陳潽玲（米雪）。詳見洪瓊芳：〈粉絲有賞──歌仔戲賞金文化〉，《傳
　　　　藝》雙月刊第 68 期（2007 年 2 月），頁 52～55。

〔註 70〕I 小生和 O 小生這幾年曾到過新加坡演出幾次歌仔戲，他們表示那邊的貼賞
　　　　風氣依舊盛行。在台灣比較少被貼賞的 O 小生說他第一次到新加坡就收到一
　　　　條金鍊子，還有戒指，三回到新加坡每次為期兩個禮拜的賞金收入約有三十
　　　　萬，而他還不是最出名的小生便有如此待遇。筆者聽聞某一女小生說她只要
　　　　到新加坡幾次，賞金收入就可以在台灣買一棟房子了。

> 有時陣爲了吃醋，使性地（耍脾氣），不來看戲，那時陣妳就打電話
> 打到「憨面」（暈頭之意）⋯⋯阮也感到眞悴（疲倦），但是又閣袂
> 用得失他們，怕他們在背後講話，說阮演員現實，無貼賞金就不打
> 電話⋯⋯〔註71〕

戲箱喜愛演員的心理不言而喻，但有時因爲喜歡，希望演員重視自己，或者得意於演員對自己的一點特別關照，便大肆宣揚，常造成演員的困擾。如外台知名藝人常遇到的問題就是演出前必須打電話給戲箱朋友，若有人沒被通知到，便會有一場風波產生，或者有時心血來潮，打電話給某個戲箱朋友，這個戲箱朋友高興之餘，忍不住跟其他戲箱分享或「炫耀」，這便不得了了，其他人「眼紅」之餘，閒言閒語便產生了，爭風吃醋是「台下」永不退流行的戲碼。

那次訪問米雪關於賞金問題，在訪談的最後筆者又問了她對於「貼賞金」是否有其他的看法？「麥卡好，省問題」米雪隨口說了一句，繼而一想，又說：

> 也是（還是）有「貼賞金」好，尚無（至少）演員買服飾就卡免煩
> 惱，服飾錢是眞恐怖⋯⋯演員若是服飾多，觀眾就感覺妳卡專業⋯⋯
>
> 〔註72〕

歌仔戲觀眾特殊的欣賞標準──服飾多寡美醜代表演員專業與否，影響著歌仔戲的美學觀，O 小生就表示他平均一個月會花在服飾上的開銷約二、三萬元。O 小生說：

> O 小生：我覺得服裝，很奇怪喔，你一個很會演的演員，如果身上
> 　　　　穿那種兩三千的戲服，你出台，大家會認爲說你不會演，
> 　　　　因爲兩三千元的戲服很簡單很普通，人家會認爲這個小生
> 　　　　不會演；但是如果你是一個不會演的小生，穿那個兩三萬
> 　　　　的戲服出去，人家會認爲說你這個小生好像很會演。
>
> 筆　者：（笑）可是一演就知道了啊。
>
> O 小生：但是佛要金裝，人要衣裝啊，知道嗎，第一眼的感覺人家
> 　　　　會這樣認爲。

〔註71〕 受訪者：陳潯玲（米雪）。詳見洪瓊芳：〈粉絲有賞──歌仔戲賞金文化〉，《傳藝》雙月刊第 68 期（2007 年 2 月），頁 52～55。

〔註72〕 受訪者：陳潯玲（米雪）。詳見洪瓊芳：〈粉絲有賞──歌仔戲賞金文化〉，《傳藝》雙月刊第 68 期（2007 年 2 月），頁 52～55。

筆　　者：所以你們花在服裝上的錢不就很多？

○小生：喔，我是花很多，我幾乎每個月薪水都是花在戲服上，但是像現在小月，我就沒有做（戲服）。

筆　　者：幾乎每個月都做？那不是很可怕嗎？

○小生：沒辦法，我們要競爭啊，我跟人家競爭，沒辦法啊。像我最近又做了一件（○小生拿出包包裡新戲服的照片給筆者看），十月份（農曆），前幾天才拿的。

筆　　者：那你平均一個月花在服裝上的錢要多少？

○小生：差不多要兩、三萬。〔註73〕

田調訪談時連問了好幾位小生，她們也都表示多數的薪資全都投資在服飾上，戲服就是得要求新穎又多款，才能跟別的演員、別的劇團競爭，尤其是小生更是如此，葉玫汝的田調結果也是持這樣的看法：

> 戲班流傳一句話：「身來無衣受人欺」，意思是戲服既是身價的象徵，演員若沒有足夠的戲衣，老是穿同一件，也往往會被老闆、觀眾批評甚至嘲笑。所以同一劇團內，通常是小生做三件，苦旦也得做一件來配，若小生做了六七件，一般小旦不做件新的也說不過去了。這種行內普遍的競爭壓力和比較心理，造成演員以戲服論地位的戲班消費生態。〔註74〕

坤生龐大的服飾費用，若是只靠演戲的薪資，根本負擔不起，而「賞金」多少補足了這筆開銷，因此南部雖然比較少「明著」貼賞金，但戲箱還是常支助小生、小旦的服飾開銷，甚至是生活開銷，可以說賞金是歌仔戲文化很重要的一環，是非好壞實難劇下定論。

第三節　坤生與「朋友」

在剖析歌仔戲界的「朋友」與賞金意涵後，這一節將著重探討坤生與「朋友」的關係，特別是坤生跟戲迷、戲箱、乾姊妹、乾爸媽，以及同性情人之間互動背後的文化意涵。

〔註73〕受訪者：○小生。時間：2009 年 12 月 22 日 14：00～15：45。地點：台南市文平路那堤咖啡。

〔註74〕葉玫汝：《臺灣外臺歌仔戲人物造形藝術研究》，臺北藝術藝術大學戲劇學系碩士論文，2007 年 2 月，頁 68。

一、坤生與戲迷、戲箱、乾姊妹、乾爸媽

在坤生認定的「朋友」中，當然也包含我們普遍意涵的朋友，不過這類朋友雖然重要，但在坤生文化中沒有特別之處，因此在此略過不談。至於坤生跟戲迷、戲箱、乾姊妹、乾爸媽的往來互動，有個很特別的交往模式，那就是藉由賞金交換情誼、肯定自我。

（一）藉由賞金，交換情誼、肯定自我

狹義的賞金，指的是觀眾朋友為自己支持的藝人所貼賞的金飾品與現金，廣義的賞金則涵蓋觀眾朋友所餽贈的具有一定價值的禮物，如戲服、車子、房子等等，飲料、水果、花束、飾品、保養品等經濟價值較低的禮物，一般不會被視為賞金。

坤生與台下朋友的往來，一般是藉由賞金來交換情誼，這樣的模式可以說非常商業性，好像充滿利益色彩，但請不要忘記，藝人本以表演謀生，以表演賺取生活所需，較之其他職業，對她們而言，「表演」幾乎等同於「經濟收入」，而賞金所代表的正是藝人透過表演（演出或妝扮），贏得欣賞，因而獲賞，因此必須把賞金文化放在表演的脈絡下來檢視，在批判這樣的友誼過於商業化之前，或許應該先思索賞金風氣為何能形成，並且持續至今？

1. 藉由賞金，交換情誼

賞金風氣不是歌仔戲獨有的現象，但卻在歌仔戲坤生文化中形成特殊習俗──收租。此處的收租，不是指收取房屋或土地的租金，而是坤生藉由拜訪朋友，聯絡情誼的方式，賺取金錢或禮物的餽贈。在內台時期「收租」風氣還頗為盛行，但目前就筆者所知，只有南部某位小生還會利用小月沒戲時北上「收租」，其朋友會輪流帶她去逛街買東西。要知道坤生為女性，朋友也是女性，而逛街是多數女性的娛樂、興趣，因此坤生與朋友便藉由逛街購物分享生活，聯繫感情。在內台成名的洪明雪表示，有些戲箱會較勁吃醋，所以小生收租時，會錯開時間，不讓幾個戲箱一同碰面。而一些「大咖仔」，財力雄厚的戲箱，或是很捨得付出的戲箱，她們能「假性」跳脫藝人的朋友禁忌，同時跟幾個小生結成「朋友」關係，不過在藝人心底，彼此心知肚明那戲箱是屬於誰的朋友，只是看在賞金的份上，容忍「朋友」的越界。《月明冰雪闌──有情阿嬤洪明雪的歌仔戲人生》一書記載：

尤其有些戲箱會較勁吃醋，所以還要事先錯開見面的時間；而部分
戲箱是專門捧小生的，如喜歡洪明雪也欣賞盧春蓮、玉輝堂等演員，
所以年底各小生要找朋友收租時，戲箱也要排時間分別會面。〔註75〕
這樣的收租風氣，乍聽之下頗令人質疑其友誼的純粹性，與坤生交友的心態，
不過坤生並非憑空取得收租權，她們也是要有付出的。同為內台知名藝人的 A
小生表示，那時內台演出檔期通常是十天，十天之後就「過位」到下一個戲院
演出，而下午、晚上才有演出的她們，必須利用早上的空檔去拜訪朋友，並贈
送招待券，或者演出的最後一天去告知朋友即將往下一個演出地。A 小生說：

A 小生：我們內台早上都要去找朋友啊，都要去「巡」才有禮貌。

J 小生：都要去交陪。

A 小生：對啊，早上都要出去啊。

J 小生：辛苦呢！

A 小生：內台比較辛苦……啊就早上來找妳，等到最後一天，才來
　　　　跟她辭別啊，我們內台都是這樣啦，頭一天演，第二天就
　　　　是要放招待券啊，招待券妳們聽懂麼？

J 小生：有，招待她們來看戲。

A 小生：對對對，一定要放那給她們，一人放十張十張這樣。啊現
　　　　在我若要就前幾天來找她，不然就是等到最後一天，要過
　　　　位啊，才去辭別，「啊我們做到今晚啦，接著我要去哪兒
　　　　做…」這樣，跟她們辭別一下。〔註76〕

朋友要持續交往，坤生要有人貼賞，也是得禮尚往來，坤生付出精神與朋友
「交陪」，甚至贈送票卷邀請朋友看戲，朋友則回饋以賞金，所以坤生也並非
憑空就能擁有無止盡的賞金財富。如在台北演出賞金頗豐的 E 小生，目前進
劇場演出，其戲箱朋友多不願花錢買戲票，並不是她們不捨得票錢，而是她
們寧願以貼賞方式贊助 E 小生，或是私底下包個大紅包給她，至於戲票，她
們就期待由 E 小生贈送，這樣便可彰顯她們的地位，確認她們是 E 小生的朋
友身份。

〔註75〕 蔡欣欣：《月明冰雪闌——有情阿嬤洪明雪的歌仔戲人生》（台北縣：台北縣
　　　　政府文化局），2008 年 9 月，頁 70。

〔註76〕 受訪者：A 小生。時間：2008 年 1 月 19 日下午 15：00～16：00。地點：A
　　　　小生家客廳。備註：J 小生和 B 三花陪筆者一起進行訪談。

2. 交換情誼背後的藝術肯定與相關衍生風波

賞金之中，以貼賞為代表，而貼賞是台下朋友對所支持的藝人公開、高調的欣賞展現，其所代表的意涵，不僅是貼賞物（如金子、鈔票）的經濟價值，更是一個演員行情的標誌，受歡迎的程度指標。

對此 K 小生有切膚之痛，K 小生與姑姑同為小生行當，當初成績優異本有機會保送台東體育師專的 K 小生，因為姑姑的一句話：「救蟲蠕蠕趖，救人無功勞。」勾起她對姑姑的感恩情懷〔註 77〕，毅然決然放棄學業，肄業從事歌仔戲演出。姑姑對 K 小生的技藝表現很嚴苛要求，因而造就出 K 小生優異的戲曲功底，而當 K 小生越形出色，兩人的競爭關係也悄然形成。本來 K 小生的姑姑是劇團第一把交椅，朋友、賞金之多無人能敵，而當 K 小生漸成氣候，開始有「朋友」（指戲迷、戲箱），有人貼賞，她的姑姑顏面、心裡都遭受打擊。照理說，她應該開心姪女受到台下朋友的注意與欣賞，但困住她的更多是「小生」的頭銜光環，她是當家小生，理論上是台下注目的焦點，當有其他小生也受到許多貼賞，無形中會動搖到她的地位，降低她的台上風采指數，所以她開始討厭 K 小生，縱然那是她一手調教出來的徒弟兼親姪女。跟 K 小生交情非淺的 N 小生（即圓圓）表示，有回她跟 K 小生演完戲要回家，沿途撿到一些小生的戲服配件，N 小生覺得很眼熟，很像是 K 小生即將公演的服飾用品，K 小生則不願相信她的東西會被丟棄在馬路，而後來證實那是她的姑姑所為。K 小生的姑姑對 K 小生的嫉妒和怨氣，出在 K 小生搶了她的風采和光環，台上賞金，台下朋友，她不是單純地愛慕賞金的實惠價值，所以縱使 K 小生把自己的賞金交付給她，她並沒有接受與領情，因為她不是要賞金的經濟價值，而是賞金所代表的藝術和自我肯定。K 小生說：

> 那時朋友若賞金給我，我姑姑心裡很不平衡，我拿給我姑姑，我姑
> 姑會丟掉。〔註 78〕

上一節曾剖析賞金的意涵，可能是某種交友語彙，或是情義支持、面子作祟與藝術肯定，但回歸到賞金最初的面貌，之所以會產生「貼賞」，就是台下觀

〔註77〕 K 小生的姑姑年輕時相當受歡迎，也有許多人追求，但為了 K 小生的家庭，為了 K 小生不負責任的雙親，她一肩擔起全家人的重擔而未婚，因此 K 小生對姑姑有很深的孺慕之情與感激。

〔註78〕 受訪者：K 小生。時間：2009 年 12 月 24 日 14：45～16：45。地點：K 小生家客廳。備註：K 小生受訪時，其行當為小旦的妹妹也在旁，有時會補充幾句。訪談後半，N 小生和 B 三花也進屋參與討論。

眾對台上演員的某種欣賞，不管是欣賞她的扮相或是技藝，不管台下貼賞者懷有怎樣的心思（可能是想結交演員或是單純表示支持），被貼賞代表的是演員的受肯定，舞台表演者，除了溫飽，追求的不就是這種成就？所以賞金，尤其是公開的貼賞，對於已習慣這樣表彰方式的名小生而言，會產生賞金等於藝術肯定、人氣指數的認知。像以直言坦率著稱的郭春美就承認她會介意賞金數字比別人少，因爲對她而言「『賞金』不是單純金錢數字，它是代表觀眾們給的肯定掌聲與支持心意。」〔註79〕這樣的認知不只郭春美如此，許多名小生也都如此，所以J小生才感嘆縱如親密愛侶，也會爲了賞金多寡而起風波，副生再怎樣被貼賞都不能超過小生，壓過小生鋒頭，不然也是會引發不愉快的情緒。

3. 貼賞與否，被視為朋友內行與否的關鍵

J小生在爲筆者分析目前的賞金現象時，她說她現在的觀眾群趨向年輕化，年輕人比較不懂這個文化，也沒有充裕的財力背景，而她也沒興趣去培養會貼賞的朋友，因爲那其實也代表藝人須相對有所付出，還得教導、勸誘她們如何跟著別人貼賞。〔註80〕J小生說：

> 大部分在台北讓人賞的機率比較多，因爲台北朋友比較多，啊賞金也比較競爭，在南部就都算還好，但是我的興趣是培養觀眾，比較沒有培養這個賞金啦，因爲現在看戲的都越來越年輕嘛，所以要叫她們賞金是比較難哪，因爲她沒錢啦，啊她們也不知道這個文化。

〔註81〕

當時J小生那句「她們也不知道這個文化」，讓筆者有所頓悟，對藝人而言，賞金是她們所熟悉的一種文化型態，但隨著時代變遷，貼賞的人漸漸減少，加上目前許多觀眾是年輕學子，她們剛成爲藝人的「朋友」時，即使通透這個文化，也沒有那等財力揮金，所以南部貼賞風氣慢慢式微。北部則靠那些浸淫在此文化中甚久的太太們維持貼賞風氣，或者財力雄厚的貴太太、女財主被有心人士勸誘而隨俗貼賞。

〔註79〕 詳見國藝會好戲開鑼部落格：〈春美聊聊賞金23事〉，2007年4月2日。http：//www.wretch.cc/blog/twoproject/7411298
〔註80〕 關於貼賞的勸誘方式，多數藝人表示會以「誰幫誰貼賞呢！讓某某人很有光彩」、「誰都有在貼賞……」來告知朋友，朋友若受啓發，便會跟著貼賞。
〔註81〕 受訪者：J小生。時間：2008年1月20日13：00～14：05。地點：J小生家客廳。

B 三花受訪時被到賞金問題，她顯得有些靦腆，簡單訴說她的狀況：

> 以前台南還很盛行，現在比較少了。以前第一次被賞金，是阿姊牽的，好像是一個長輩吧，她不是演歌仔戲，也沒在看歌仔戲，知道我在演歌仔戲來看我一下，就拿個紅包給我，那可能是一種長輩對晚輩的疼惜，也可能她們知道妳是一個藝人就是……可能她們比較內行吧。後來在□哥（某坤生的外號）這班，就是比較熟的朋友，或是姊姊的朋友，我姊姊的朋友，就想說：「這是妳妹妹，就捧個賞這樣子。」〔註82〕

B 三花不常被貼賞，她言及第一次被貼賞是姊姊為她牽的線，對方是一個長輩，不是演戲的，也沒在看戲。那時對方包個紅包給她，B 三花對對方給賞的解釋是：「可能她們比較內行吧。」這有些矛盾，也很有趣，因為對方既然不看戲，也非歌仔戲中人，不太可能真正瞭解賞金的意涵，她會貼賞應該是受 B 三花姊姊的「暗示」，或是聽過這個風氣，所以禮貌性地包個紅包給 B 三花，可能是疼惜，但應該不可能是對方熟悉這個圈子的文化使然。而在 B 三花矛盾的解釋中彰顯藝人的認定：內行人懂得貼賞，這跟 J 小生所說的「她們也不知道這個文化」有異曲同工之妙，在藝人的心中，朋友貼賞與否，是她們是否懂得這個文化，內行與否的關鍵。

（二）藉由服飾，聯繫關係

在賞金文化漸漸衰微的現在，做服飾給演員的風氣則依舊盛行，前面提過，南部現在比較少直接貼賞，但為演員裁剪布料、製作戲服的習俗南北都還頗為風行，且這與女小生和其女性朋友關係密切，因此特別將「服飾」賞賜物從賞金中挑出論述。艾莉斯‧馬利雍‧楊說：

> 對這個社會的女人而言，服裝常像是連結姊妹情誼的絲線。女人經常靠評論彼此的衣服建立關係，這麼做也往往能在嚴肅或正式的處境中，製造一種親密或輕鬆感。〔註83〕

女性主義者艾莉斯‧馬利雍‧楊在其《像女孩那樣丟球：論女性身體經驗》書中特別討論女人跟服裝的關係，這樣的關照點放在女小生與戲箱的親密關

〔註82〕 受訪者：B 三花。時間：2009 年 12 月 22 日 15：50～16：30。地點：台南市文平路那堤咖啡。

〔註83〕 艾莉斯‧馬利雍‧楊（Iris Marion Young）著、何定照譯：《像女孩那樣丟球：論女性身體經驗》（台北市：商周出版）2007 年 1 月，頁 119。

係中也很適合，女人愛買衣服，戲箱也以贈送戲服為支持的力度，不僅符合坤生所需，也滿足了戲箱朋友所希冀的親暱感。她們會透過選購布料、贈送布料，與坤生討論這些布料可以裁成哪類戲服，什麼角色在哪一場的演出來穿最合適，或是還要再搭配那款的配件會更出色等等，拉近她們與坤生的距離，女人很容易在服飾的話題裡結成朋友。

　　再者，若跟坤生一起逛街買布、買戲服，會讓坤生與朋友（戲箱、乾媽、乾姊妹等）覺得更生活化，更像是好姊妹好朋友。艾莉斯‧馬利雍‧楊認為：

> 女人經常靠逛街購衣來彼此聯繫。……女人在試衣間照顧彼此……
> 在這些探險中……快感在於選擇、嘗試、談話，在於彼此分享的世
> 俗幻想中。〔註84〕

基於此，許多戲箱或戲迷朋友很喜歡跟藝人一起逛街，不限於購買台上的戲服或布料、配件，為藝人添購台下日常生活的服裝，也是她們的快樂泉源，像 A 三花在反串小生的那段時間，有個乾姊姊在一年多的時間內為她做了五十套以上的戲服，還帶她去買台下生活所穿的衣服，讓她在試衣間試穿衣服試到不想再試。她對 A 三花沒有其他的想法，只是純粹把她視為姊妹，所以藉由選購服飾來妝扮好姊妹的風姿，希望對方能在自己的眼光挑選下更添豔色。艾莉斯‧馬利雍‧楊說：

> 女人從服裝中得到快感，這快感不只來自穿服裝，還來自看服裝、
> 看著衣女人的意象，因為這些都激發出轉變或變身的幻想。〔註85〕

看著自己喜愛欣賞的小生，在自己眼光和巧手的搭配下，透過一套套新穎服飾展現她的獨特風采，或是陪著她挑選她喜愛的款式，然後一一在鏡前試穿、詢問自己的看法，那是種快感、喜悅，甚至只是靜靜地在一旁幫她出錢，都會是種幸福的感受。像 I 小生有時也不一定跟朋友出去挑選布料，或是選購新衣，她有時會自己去做幾套戲服，然後當她在舞台上穿上新戲服時，眼尖的朋友馬上就會發現（女子對服飾總有某些敏感度），就會想幫她出新戲服的錢。I 小生說：

> 我今天做了三套衣服，花了六萬塊幾萬塊。我們朋友就會說：「喔！
> 妳這件衣服很漂亮耶……」有時候並不是說我帶他們去看衣服來

〔註84〕　艾莉斯‧馬利雍‧楊（Iris Marion Young）著、何定照譯：《像女孩那樣丟球：論女性身體經驗》（台北市：商周出版）2007 年 1 月，頁 120～121。
〔註85〕　艾莉斯‧馬利雍‧楊（Iris Marion Young）著、何定照譯：《像女孩那樣丟球：論女性身體經驗》（台北市：商周出版）2007 年 1 月，頁 121。

做，其實我自己想要做，我一穿出去，她們說：「喔，妳又做了三套衣服，這件衣服很漂亮耶，妳花了多少錢？」我說這套花了兩萬塊……那好像在認購東西（笑），「這件我認養了……」「這件很漂亮，兩萬，我幫妳出。」就這樣子，那另外一個會說：「啊妳這件很漂亮，我也幫妳出……」這樣子。也會有重複的啦（笑），不是說我們怎麼樣，因為重複，她幫我出這一件，「我幫妳出這件的錢，妳不要跟人說。」好，OK，我就不要講。那另外一個：「妳這件我也幫妳出，妳不要講。」（笑）那我到底講不講？乾脆都不要講啊！（笑）我就這樣……所以有時候花兩萬塊做的衣服，我反而賺了四萬塊。但是不是我們貪圖這些錢，她們也高興，她們很高興……〔註86〕

I 小生說朋友發現她做了新戲服，就紛紛「認購出資」，又不想太張揚讓其他人知道，就交代 I 小生不要說出去，有時便會造成同一套戲服三個人「認購」買給 I 小生的狀況。這些朋友不是為了彰顯什麼，而是喜愛幫小生的感覺，所以她們會因為出資替小生添購戲服而高興，小生的光彩就是她們的光彩。像圓圓對 J 小生的付出也是如此，尤其圓圓也曾是小生，她很清楚生且就是需要大量的新服飾來妝點打扮，所以她才會拚命買戲服給 J 小生，前後共買了七、八個戲籠容量的戲服。G 小生說：

我們做這種戲也是會有這一種粉絲，不然我們賺的錢都得花在衣服上，負擔很重，是有，到現在也是有一個，我在新加坡也是有一個，我出國過一次，也是有一個，都有啦，但是她們對我的付出都是在金錢上，有時候我也會不好意思……在一年之間就有三十幾萬，一個是兩個月就十幾萬，就這樣子。〔註87〕

G 小生說一般有點名氣的小生都會有幫忙做戲服的朋友，不然演員的薪資都得花在戲服上了，她目前的狀況是國內外各有一個朋友會做戲服給她。E 小生也是有幾個固定會買布料、做戲服的朋友，有時她們閒聊時就會討論新買的布料質地、戲服款式等問題。其實演員總得構思或思索新戲裡角色的服裝，那服裝對角色而言是種象徵隱喻符號，而演員反覆地經驗這些思索，無形中服飾對這些演員而言有著比一般女人更密切的牽連，因此透過參與服裝的製作與討論，小生與朋友的情感會產生更多的聯繫。

〔註86〕受訪者：I 小生。時間：2008 年 1 月 26 日 18：00～20：15。地點：台北御書園。

〔註87〕受訪者：G 小生。時間：2009 年 12 月 23 日 15：35～16：30。地點：高雄鳳山金礦咖啡。

二、坤生與同性情人

　　目前歌仔戲圈同性愛情與異性戀情的比例可說不分軒輊，也有許多人的戀愛對象是游移在同性與異性之間，不過雖然有不少人談同性愛情，也有不少人謹守傳統異性戀的規範，因此千萬不能一竿子打翻一船人，誤以為所有的歌仔戲坤生都是愛女生的，而且也不是談同性愛情的小生都是 T，這是一個很基本又很重要的認知。

　　這一節之所以想論析坤生與同性情人，是因為有其特殊的文化背景，本文在田調的過程中發現之前常被忽略的「錄音班」〔註 88〕有比例特高的同性戀情傾向。有趣的是受訪者幾乎都知道這個現象，但卻不一定知道為何「錄音班」會比「肉聲班」有更多的同性戀傾向，而「錄音班」的這個風氣正好可以與「肉聲班」做個對照，若說歌仔戲因為性別與表演使然，導致有許多的同性愛情產生，那「錄音班」幾乎所有演員都成雙成對，便成為值得進一步思索的「特殊景觀」了。

　　除了對比「肉聲班」與「錄音班」的同性傾向，以探索造成差異的原因外，還有一個特殊的現象值得一提，那就是從戲班經營的角度來看坤生與同性情人的交往問題，這並不是所有坤生都會遇到的問題，但卻是班／團主在性別轉換後──以前班／團主多由男性擔任，現在則是女小生為多所延續的問題。

（一）同性愛情──性別、表演與文化的交織結果

1. 性別與表演交織的結果

　　當性別也被視為是種表演時，許多既定的準則會產生鬆動，正好映證戲如人生、人生如戲之真假虛實雜揉的生命歷程。J 小生說了一段她們姊妹因為交同性朋友引發爭執，導致她們的團長兼父親要她們改穿「褲子」，在台下扮演 T 角色的真實經歷。

　　J 小生：本來是我三姊的朋友，算枕邊人就對……

　　筆　　者：已經是枕邊人了？

〔註 88〕洪雅菁認為目前臺灣還有五十幾團的歌仔戲錄音班，而這只是保守估計的結果，不過錄音班歌仔戲在歌仔戲的研究中經常被忽略，或者將之與廣播歌仔戲放在一起，但兩者其實是不同的。參見洪雅菁：《論台灣錄音歌仔戲之變遷──以高雄日光歌劇團為例》，成功大學藝術研究所碩士論文，2006 年 6 月，頁 6、12、32。

J 小生：已經是枕邊人，後來朋友心頭沒定，不知道怎樣又跑去跟
　　　　我大姊交往，妳知道？

筆　者：嗯。

J 小生：啊結果她們因為這樣吵架，吵架那個人來的時候，我二
　　　　姊……頭先那個人是要認識我二姊，我二姊身邊有人就不
　　　　要讓她交，啊不要讓她交，她又跑去交到我三姊，啊交到
　　　　我三姊沒多久，就又跟我大姊在交啊，啊所以就三個在那
　　　　相揶揄，阿揶揄之後就吵起來啊，吵起來的時候，我爸爸
　　　　就看不過，看不過的時候就叫她們三個去台前，都去跪啊。

筆　者：那時候她們幾歲啊？

J 小生：那時候……我想一下，我差不多十三、四歲，我大姊大我
　　　　十一歲，也是二十幾歲啊。那時候我才十五、六歲而已吧，
　　　　還是十四、五歲？不記得了。

筆　者：可是她們到台前跪？她們應該在劇團滿有知名度了吧？

J 小生：對，她們都做小生、小旦，角色都很重。

筆　者：對啊，台下應該有很多觀眾……

J 小生：那還好啦，就有人看到，阿那比較鄉下所在比較沒有那麼
　　　　多人。她們三個跪在台前，我爸爸就提槍仔就打她們三個，
　　　　說：「從今以後，妳們姊妹從明天起都給我穿褲仔……」這
　　　　句話就是這樣來的，他就說：「換妳們去交別人，妳們都不
　　　　准去讓人交……」這樣妳聽懂麼？我爸爸氣到…… 〔註89〕

J 小生的父親在歌仔戲界算是比較「開明」的父親，他不會禁止女兒結交同性
情人，但是他也不喜歡女兒因為同性情人而鬧嫌隙。那時就是因為有一位女
子先是喜歡上 J 小生的二姊，但是二姊已有伴侶，她就轉變目標跟 J 小生的三
姊交往，沒多久又跟大姊牽扯上，換跟大姊交往，為此三姊妹相互揶揄，不
料動了真氣，吵了起來。J 小生的爸爸看到女兒們為了一個女子吵鬧，就罰她
們三人到台前跪，並隨手拿起道具槍，不管她們三人已是當家生、旦，邊打
邊罵，並要她們三人從此轉換性別，不當婆讓人追求，改當 T 去追求別人。

　　在歌仔戲圈浸淫已久的 J 小生父親，在那次責備女兒的事件中，不管他那

〔註89〕受訪者：J 小生。時間：2008 年 1 月 21 日 14：00～15：00。地點：J 小生的
　　　車中。

時講的是不是單純的氣話，他的觀念透露出 T、婆性別是可以隨心轉換的，就像戲臺上扮男扮女是因爲角色所需，台下的她們也可以藉由穿褲子或穿裙子，選擇當「穿褲仔」（即 T 角色），或是「穿裙仔」（即婆角色）。不過「性別表演」不是那麼單純的事，尤其是眞實人生的性別認知和轉換，雖然因爲環境和舞台表演使然，她們的性別界線比一般人模糊，但是後來的事實證明，J 小生的姊姊們並沒有因爲父親的一席話而馬上改扮演 T 角色，在很長的一段時間裡，她們依舊只是游移在異性戀女子和同性戀婆角色之間，但是在後來有位姊妹果眞疑似改扮演 T 角色，只是爲期也不長就是了。

在本文第三章「性／別界線的模糊與跨越」，從實際案例說明許多歌仔戲藝人的性／別觀比較沒那麼明確且不可逾越，有些人甚至會因爲長期從事某種行當的演出而啓發其性別轉換的可能性，如 H 小生的姊姊（同爲小生）在傳統家族的觀念限制下，依舊被啓發「T」性別，和小旦相戀，雖然遭受父親強烈反對，但眞正使她放下 T 身份，是在小旦移情別戀之後，她才走入婚姻，回歸傳統性別身份。又如在受訪者 A～Q 女小生中（扣除 O 爲男小生），有八位女小生的性別和行當呈現同軌現象，也就是說在十六位女小生中，至少有八位確定爲 T，至於她們是因爲 T 性別而選擇小生行當，或是因爲小生行當而被啓發成爲 T 角色，這就很難釐清了。不過 J 小生認爲她自己在演出小生行當時，確實會有種感覺——小生的行當無意間讓她形塑或鞏固內心深處的 T 性格（詳見第三章第二節「J 小生的性／別異動」），而她也覺得 P 小生由武旦轉演武生後，日常生活的裝扮穿戴和以往大不相同，開始 T 模 T 樣起來，縱使 P 小生的先生不喜歡 P 小生做中性打扮，但 P 小生受訪時，以及她到 J 小生戲班的穿著打扮都偏帥氣型，所以 J 小生認爲行當的表演確實會影響一個人的某些方面，可能是日常生活的穿著打扮會隨著行當的確立而同步化，甚至被啓發 T 或婆的可能性。

性別和表演交織的結果，其一可能會讓某些小生更加確認自己的性別認同，如 Q 小生，她在剛學戲時雖然不太喜歡演小旦，可是被指派演小旦時還是會上場，只是臭著一張臉，但是當她確認自己喜歡上 B 小旦，而且在 B 小旦的教授之下懂得何謂 T、婆後，目前的她抵死不演且行。Q 小生說：

> Q 小生：那時候被派到小旦就很討厭，就會臭臉，很嚴重的臭臉，
> 　　　　會整個不爽起來，就亂演。
> B 小旦：起初最明顯的是三八仔。

Q 小生：對，每次要演三八仔就很討厭……而且那時候叫我扮麻
　　　　姑，我會説：「真的沒人了嗎？！」然後就會臭臉出去，就
　　　　一個麻姑特別臭臉，不過還好演戲不會臭臉，就台下會而
　　　　已。〔註 90〕

一開始生旦丑各行當都得演的 Q 小生，目前只能接受小生、三花等男性角色的行當，因為她在舞台表演和萌發情思後，已確認自己的性別為「T」。B 小旦認為：

B 小旦：妳覺得本身的特質是 T 的，她一定很排斥演小旦，她本身
　　　　就會排斥演小旦，就在她確定自己的性別之後，她就不會
　　　　再去演小旦，然後……

筆　者：妳在説她嗎？（指 Q 小生）

B 小旦：應該是吧，就像 Q 小生她媽媽也不會演小旦吧，她從以前
　　　　就不太會演小旦。

筆　者：偶而反串一下。

B 小旦：對啊，那是反串，可是她從學戲，她應該打從自己的心態
　　　　不可能去演到小旦，因為那是性別上的問題，就像怡君〔註91〕
　　　　之前也在演小旦，可是當她確定她要的是什麼，她就不要
　　　　演，不是不敢演，是不要演，她還是可以演啊，為什麼不
　　　　要？像□□（某知名坤生）為什麼不排斥演小旦？因為她
　　　　本身的心態不是 T 啊，她不是雙性，她的身份就是一個老
　　　　婆，一個站在舞台上很好的演藝人員，所以她不覺得為什
　　　　麼我不能演小旦，她只是會覺得説我演小旦人家會覺得我
　　　　粗魯，粗魯，不然為什麼當初她自己要演孟麗君？因為她
　　　　覺得戲份夠，挑戰性夠，像她去台北她就會演《殺子報》，
　　　　就是演那個媽媽，她覺得那是藝術 OK。可是如果本身是 T
　　　　的，演小旦會覺得説我是男生，為什麼要我扮女裝？那種
　　　　感覺。

筆　者：可是就是演戲啊。

〔註90〕受訪者：Q 小生（當時她的女友 B 苦旦陪在旁邊）。時間：2009 年 10 月 29
　　　日凌晨 01：00～02：00。地點：B 小旦臥室。
〔註91〕怡君為化名。

　　B 小旦：對啊，可是她們本身心態就是男生，會覺得說我這樣演起
　　　　　來不是很粗魯嗎？不是很噁心嗎？她們就會這樣覺得。〔註92〕

B 小旦說了一個普遍但不是絕對的現象，那就是當演員確認自身的性別為「T」後，一般就不會繼續演旦行，「不是不敢演，是不要演」，像 B 三花也是這樣的情形，她確認自己的性別為 T，因此當某次她連續被指派演旦角，第三天她就翻臉了，寧願不領薪，也不再演旦行。

　　性別與表演交織的結果，其二是導致演員有意識地將性別視為表演，以穿著打扮來昭告世人自己的性別認同，如 L 小生，她演過四、五年的三花，後來改演小生至今，有些戲迷會迷戀她舞台上的俊美形象，但她並不是「T」，也不是同性戀圈子的人，所以私底下的她會刻意打扮得十分女性化，長裙長髮，以區分台上台下的不同性別。

　　其三是故意「混淆視聽」，帶著戲弄性質企圖凌駕世俗觀念，如 I 小生，她跟同班小旦是一對的事實幾乎人盡皆知，但她並不想理會別人的看法，也不想依循性別分明、「男女有別」的固定模式，她可以穿得很中性，但留起超長的頭髮。她受訪時笑著說：「我本來就是女人啊！」她知道戲迷戲箱都知道她的 T 身份，但她不想去符合世人對「T」的要求準則，她只做她自己，不想「隨波逐流」。

2. 獨特表演環境下的同性世界

　　若說內台、外台歌仔戲的表演環境，是造成同性愛情比例偏多的原因，那「錄音班」比「肉聲班」擁有更高同性戀情的比例，更能彰顯環境文化所造成的影響。在本文田調的過程中，幾個肉聲班，如 E 小生父親的劇團、H 小生所屬劇團的早期，和 B 小旦先前所待的劇團，都沒有同性戀情，有的甚至會抵制同性相愛的風氣，而錄音班則幾乎每個演員都是拉子（女同的代稱之一，語出邱妙津《鱷魚手記》），筆者以為有三個原因導致此種現象。

（1）學戲者多為年輕少女，以戲班為家

　　自從拱樂社的負責人陳澄三創辦「錄音班」後，許多孩童或年輕少女便可「提早」登上舞台演戲，因為「錄音班」是以事先錄製好的錄音帶取代前場演員的唸白、唱腔及後場樂師，演員只要對嘴演出即可，所以舞台表演門

〔註92〕受訪者：B 小旦。2009 年 10 月 29 日凌晨 00：05～01：00。地點：B 小旦臥室。

檻降低許多，許多稚嫩的學戲囝仔，或是唱唸不佳的演員都可在錄音班發展磨練。而這樣的表演環境，後來讓許多沒有經過科班訓練的年輕少女可以較輕易登台演出，因此錄音班的演員多是年輕女子。〔註93〕

　　D小生跟M小生是目前南部知名的錄音班小生，她們在外台歌仔戲沒落的狀況下，目前依舊領月薪四萬元，不像多數的演員都是有演出才有收入，她們是領固定薪資的小生。受訪時，D小生坦言她一直都是結交女性情人。

　　J小生：妳第一個朋友是青青？

　　D小生：不是不是，是小草

　　J小生：她也是演戲的演員？小旦？

　　D小生：小旦，她車禍死了。

　　J小生：她演小旦，妳演小生，就這樣在一起？

　　D小生：不是啦，她很照顧我，因為那時候有人照顧的話，妳就很　　　　　容易接納一個人，妳當然不會去選說妳適合什麼，我適合　　　　　什麼。

　　B三花：都在那個環境啦。

　　D小生：都在那個環境啊，她對我很好啊，那時候也想說有一個伴　　　　　就好了啊，因為錄音班有鋪可以睡，時常在墳墓旁邊的涼　　　　　亭，就在那兒打地鋪，妳都一個人，人家都成雙成對的，　　　　　然後妳一個人，好恐怖喔，還要去那邊洗澡。（M小生揶　　　　　揄D小生：飢不擇食）……我們那時候很恐怖，有時候待　　　　　百姓宮一個月，若沒有地方睡，就都睡在涼亭，以墓為家，　　　　　遊墓民族（笑），真的啊。〔註94〕

〔註93〕 在根據真實經驗改編的歌仔戲錄音班小說《失聲畫眉》中，老生肉感姨原是肉聲班的演員，她因為跟錄音班光明少女歌劇團借班底而到其班演出，她曾說：「我們演活戲的，只要有一個故事就可以演，台詞、歌仔都是在台上隨機應變，遇到請主要點戲，很少會給習難到，現在的錄音班，請主根本就無法點戲，若不是演員全部是幼齒的，要怎樣和活戲班比？」武生阿琴則回嘴道：「就是全部幼齒的，少年人才愛看啊！活戲班都是一些老伙仔（年老的）在演給老伙仔看。」映證錄音班演員確實以年輕女子居多。詳見凌煙：《失聲畫眉》（台北市：自立晚報社文化出版部），1991年11月，頁35。

〔註94〕 受訪者：D小生。時間2009年12月22日18：48～20：00。地點：M小生家客廳。備註：J小生、B三花陪筆者一起進行訪談，在場者還有M小生跟她的媽媽。

早期的錄音班演員幾乎都是以戲班為家，一九六四年出生的 H 小生表示，在她那個年代，錄音班的演員都是跟著戲班四處搭鋪，很少回家的，所以 D 小生才會笑說她們是遊「墓」民族。在根據真實經驗改編的歌仔戲錄音班小說《失聲畫眉》中提到，「活戲班的演員不搭鋪，都是睡在後台。」錄音班則是「每兩個演員共睡一張鋪，那是一張可以折合的鐵床，配上約一人高的支架撐起的睡帳，自成一個隱密的小天地。」〔註95〕錄音班兩人一個睡帳的安排，加上演員鮮少回家，提供了同性愛情滋長的空間。H 小生受訪時表示：

筆　者：我聽說錄音班跟肉聲班有一些不同，就是錄音般同性的朋友會比較多。

H 小生：嗯嗯。

筆　者：內台這種情形沒有很普遍嗎？

H 小生：比較少，我聽到內台都是夫妻、夫妻。

筆　者：所以真的是錄音班比較多而已？

H 小生：對，錄音班比較多。

筆　者：妳知道為什麼錄音班會比較多嗎？

H 小生：因為可能她們都是同樣住在那兒吧，她們出去的時候……比如說這個地方演十天，她們就十天都住在這兒，沒有回去。她們不像我們肉聲班的會回家，我們的年代那時候只要比較近的就會回家，回家睡，錄音班就沒有了，她們出去一整年都是老闆演到哪，她們就演到哪，那比如說過兩天要過位，她們會跟請主借場所，說：妳這個地方再借我們兩天，我們兩天後才要過位。〔註96〕

在早期交通不便的年代，沒有家累的錄音班年輕女孩不用趕回家過夜，所以便隨著戲班四處為家。

筆　者：錄音班現在也是這樣嗎？

H 小生：沒有，現在交通比較方便了，幾乎大家都有車了。

筆　者：所以以前才會這樣子？

〔註95〕凌煙：《失聲畫眉》（台北市：自立晚報社文化出版部），1991 年 11 月，頁 7、8。

〔註96〕受訪者：H 小生。時間：2009 年 12 月 25 日 15：18〜16：45。地點：台南市文平路那堤咖啡。備註：H 小生是 B 三花的堂姊，訪談時 B 三花也陪伴在旁，讓 H 小生可以比較安心地受訪。

H 小生：對。

筆　　者：那以前爲什麼……肉聲班也應該是一樣的情形啊，也會交
　　　　　通不方便、沒車子，爲什麼肉聲的就可以回家？

H 小生：以前肉聲班的都會騎機車耶，我還沒出去學的時候，我媽
　　　　　媽去比較遠的地方演，晚上也是都會回來，都騎機車回來。

筆　　者：那爲什麼錄音班不自己騎機車？

H 小生：這個我就不了解了，可能是比較沒有家庭吧，因爲錄音班
　　　　　都是一些女孩子出來學，沒有家庭沒有顧慮的。像肉聲班
　　　　　的是比較多有家庭的，有小孩的，小孩要讀書，我媽媽就
　　　　　不管多遠都會回家，她都會騎機車回來，不然就是……像
　　　　　去高雄演坐人家那個□□回來，若是靠近台中那邊就沒辦
　　　　　法了，就一定會在那兒睡。〔註97〕

現在交通便利了，所以錄音班也不再算是遊「墓」民族了，不過依舊與昔日
戲班演員有聯繫的《失聲畫眉》之作者凌煙，她表示錄音班現在「有演出就
去外面演出，沒演出的話，吃、住都在團長家。」〔註 98〕可見部分錄音班維
持過往的生活形態，部分戲班（如 D 小生、M 小生所屬的戲班）沒戲的時候
會回自己的家。而在一九八七年左右，錄音班演員依舊是年輕女孩爲多。B 三
花說那時她被調到錄音班演戲，看到的演員多是十七、八歲年輕女孩子，而
且整班都成雙成對。

B 三花：以前比較隱藏的時候（指隱藏自己的性向），十幾歲，去讓
　　　　　錄音班調，錄音班比較開放，好像都一對一對，整班都一
　　　　　對一對的。那時候我在想爲什麼會這樣子？可能是那時候
　　　　　錄音班比較風行，反而是肉聲班比較封閉，比較沒有這樣。

筆　　者：爲什麼會這樣？

B 三花：因爲肉聲般的演員演完就會回自己的家，錄音班沒有，每
　　　　　一天都是整團的人在一起，她們不管去哪一個地方演，她
　　　　　們就會在那邊打地鋪睡覺。

〔註97〕　受訪者：H 小生。時間：2009 年 12 月 25 日 15：18～16：45。地點：台南市
　　　　文平路那堤咖啡。備註：H 小生是 B 三花的堂姊，訪談時 B 三花也陪伴在旁，
　　　　讓 H 小生可以比較安心地受訪。

〔註98〕　轉引自鄧雅丹：《《失聲畫眉》研究：鄉下酷兒的再現與閱讀政治》，清華大學
　　　　中國文學系碩士論文，2005 年 7 月，頁 141。

筆　　者：為什麼她們就不回家？

B 三花：因為那時候交通比較不方便。

筆　　者：為什麼肉聲班就可以回家？

B 三花：因為那時候肉聲般的演員都是比較老一輩的，錄音班都是
　　　　　年輕女孩子。

筆　　者：等一下，所以妳的意思是錄音班都是年輕的？

B 三花：對。

筆　　者：那是幾年前啊？

B 三花：我想想看喔，我現在三十九，差不多是二十年前。

筆　　者：大概是民國七十八年左右。

B 三花：對對，那時我接觸的錄音班女孩子都差不多十七八歲，那
　　　　　時候我也差不多十九歲。可能是戲路比較多，她們跑的地
　　　　　方又比較遠，她們都是坐籠車，她們沒有自己的交通工具，
　　　　　她們若是在某個地方演好幾天，她們就是會鋪地墊，在那
　　　　　個地方睡。我那時的感覺是應該是找個伴，都在外面嘛，
　　　　　互相照顧那種感覺吧！生活圈比較小，她們每天面對的就
　　　　　是同志、演員……〔註99〕

統合 D 小生、H 小生和 B 三花的經驗，可知錄音班演員因為多為女孩子，沒有家庭負荷，所以都隨著戲班走，在二十年前左右她們依舊維持不回家過夜的習慣。那長年在外地的她們，尤其又常在荒郊廟宇旁搭鋪，孤獨、寂寞、恐懼等因素，會讓她們渴望在班裡找一個伴。而且幾乎二十四小時生活在一起的她們感情容易深厚，彼此更像親姊妹那般相互照顧，就像 D 小生，她說她之所以跟第一個伴交往，就是因為剛到錄音班的自己會害怕晚上一個人睡在墓旁，而小旦小草那時很照顧她，所以很自然地就在一起了。

（2）「死戲」表演使然，衝突不高

錄音班的 D 小生受訪時表示她最初並不喜歡錄音班的表演形式，她喜歡藝術性較高的肉聲班。D 小生說：

其實我對錄音班的印象非常不好，因為我從小就喜歡看歌仔戲，我
從小就耳濡目染，因為我家隔壁就是廟，就耳濡目染，我媽媽也愛

〔註99〕受訪者：B 三花。時間：2009 年 12 月 22 日 15：50〜16：30。地點：台南市
　　　文平路那堤咖啡。

看歌仔戲，就這樣啊，我其實比較喜歡做肉聲的，我會覺得說那時候我是懷才不遇。那時候如果在台北發展，就不用這樣子……台北肉聲班都會綁大頭貼片子，人家愛看大頭啊，晚上就新頭，我喜歡看那種的。我覺得錄音班都是一顆頭從下午綁到晚上，都沒有在改頭，就很討厭，我很討厭，是怎樣嘛。〔註100〕

當初 D 小生就是因為喜歡歌仔戲，所以高中畢業便到華視小明明的旗下學戲，不過因為葉青進駐華視，壓縮到她們的表演時段，她不得已離開電視台，在台北某外台肉聲班演出。D 小生表示：

到葉青進來時，我們就歇了兩檔，兩個月耶，等於是三個月賺一個月，那時候就入不敷出，就無法生存了。那時候□□，台北的□□歌劇團，她現在在□□當老生，她以前整班，她叫我去，結果我不知道肉聲的都有分派的。很恐怖，她們小生一派、小旦一派，不像我們錄音班，錄音班沒有講戲嘛，就會培養感情。肉聲班不是，一下來她們就是講戲講一講，晚上回去了，比較沒有感情。其實我們錄音班的感情很好，如果我們要發生摩擦都是在舞台上，你沒演好，因為我老闆她員工嘛，我以老闆立場在講，是在舞台上才會發生，其實我們下面都很好。〔註101〕

D 小生說第一次到外台肉聲班演出，就發現肉聲班比較競爭，會分派系，所以被嚇到的她後來聽從連明月的安排，南下到連明月姊姊的錄音班演出，從此開始錄音班生涯至今。M 小生的媽媽以前在內台是肉聲班三花的行當，她的經驗也是如此，她認為「都會捉弄人家耶，以前那個肉聲的都會捉弄人。」〔註102〕

　　肉聲班在午戲和夜戲演出之前，會有人先講戲，將分場情節和基本唸白唱詞大致講述一遍，然後演員就得自己構思自己的唸白唱腔和出台身段，除了武打部分會事先套招之外，其餘對戲就是「台上見」，大家見招拆招，演的

〔註100〕 受訪者：D 小生。時間 2009 年 12 月 22 日 18：48～20：00。地點：M 小生家客廳。備註：J 小生、B 三花陪筆者一起進行訪談，在場者還有 M 小生跟她的媽媽。

〔註101〕 受訪者：D 小生。時間 2009 年 12 月 22 日 18：48～20：00。地點：M 小生家客廳。備註：J 小生、B 三花陪筆者一起進行訪談，在場者還有 M 小生跟她的媽媽。

〔註102〕 受訪者：D 小生。時間 2009 年 12 月 22 日 18：48～20：00。地點：M 小生家客廳。備註：J 小生、B 三花陪筆者一起進行訪談，在場者還有 M 小生跟她的媽媽。

是「活戲」，沒有固定的劇本。錄音般的演出相形之下已有固定的「劇本」，會在台上見招拆招的部分就只剩下身段與眼神交流，唸白唱詞都已套死，所以被視為「死戲」。不管是錄音班或是肉聲班，如果演員彼此交情都很好，那自然都不會在台上產生「捉弄人」的事件，大家反而會在對方出錯時「搭救」、「掩護對方」，但若情誼不佳，或是彼此競爭，那在演出活戲的狀況下，可能就會產生讓對方下不了台的局面，如故意考驗對方的應變能力，隨意出招，如此一來，交情只會更壞。相形之下，錄音班因為是對口表演，自然不能「自編自導」，也就不會有無法應變的情形產生，自然發生衝突的機會就不高。

（3）同性交往風氣相襲

縱然現在交通便利了，沒有家累的錄音班年輕演員也能每天回家過夜，但是同性交往的風氣依舊盛行，那是既成的文化風氣使然，只要在錄音班生活，交女友已是習以為常的現象，排斥同性戀情的狀況比例就會降低，像 M 小生的媽媽就覺得女兒要交男友、女友都成。目前還會被錄音班調去演戲的 B 三花表示，有些已經結婚的演員，又回到錄音班演出後，她們會在班裡交一個伴。

筆　者：會不會其實她們原本不是……

B 三花：對。

筆　者：那就是會因為演戲的關係囉？啟發？可能潛意識就是雙性的，然後又被啟發……

B 三花：對。

筆　者：因為有些已經結了婚，在錄音班，因為演戲……

B 三花：對（笑）。

筆　者：很多嗎？

B 三花：很多，像我之前被□□的調，她們就是都這樣，有的就是她們已經結婚了，又回來這個戲班演，又跟戲班這樣跑，她們就會在裡面又交一個同伴。裡面有幾個穿褲仔，她們的性向就不用懷疑了，那種就不用懷疑了，然後就是一些小旦會被她們交去，交去，後來出來也都結婚了。

筆　者：可能只有那一陣子？

B 三花：對，那一陣子，我不知道她們的內心世界，穿褲仔就不用說，那小旦我就不知道了，她們……有一兩個也是這樣的

情形，走這條路，然後有三分之二的人會選擇交男朋友，
結婚這樣子。

筆　者：那會不會結了婚，不幸福又回來？

B 三花：我看到的也有。〔註 103〕

B 三花說錄音班裡有些「穿褲仔」（即 T）的性向分明，她們可能不是因為演
戲或是這個環境使然才走入同性戀情，而一些小旦會被這些「穿褲仔」追走，
她們的內心世界無法得知，不知是本就是女同，還是因為環境、表演等因素
被啟發成為女同，因為有三分之二的人後來也會交男友、結婚。□□班只有
一兩個小旦持續走女同這條路，而那些結婚的演員也有部分因為婚姻不幸
福，又回到戲班，又跟女子交往。在《失聲畫眉》中，班裡的小旦愛卿跟前
一個愛人小貞分手的原因，是因為小貞被父母逼迫嫁人，而婚後生了兩男一
女的小貞後來離婚了，她又重回到戲班演戲，並找到愛卿。那時愛卿已跟小
生家鳳在一起，小貞還是留了自己的電話跟住址給愛卿，愛卿「她終於明白
小貞的意圖，小貞是一看到她就打算好的，想要尋找舊愛重圓的機會，雖然
之到她已經有了家鳳，還是把預先寫好的住址給她，就是瞭解這個圈子分分
合合太多，沒有一個定數，很少人能維持永久關係不變的。」〔註 104〕小貞的
經歷與希冀跟 B 三花所講相符，她先是在錄音班跟同性交往，後來又走入婚
姻，等到婚姻不幸福，重回戲班後，依舊會想再跟同性交往。

總之，錄音班因為藝術門檻比肉聲班低，早期便盛行招收年輕女孩進班
學戲演出，而這些年輕女孩因為尚未婚嫁，所以就都跟著戲班跑、經常逐「墓」
而居，彼此日夜相處，加上沒有太大的表演衝突，大家感情都非常好，於是
便很容易兩兩成雙，一來是有伴，二來是長久的風氣使然，所以縱然現在交
通便利，演員經常可以返家過夜，大家已不是二十四小時黏在一起，不過同
性交往風氣已形成，因此身處這個環境就很容易「入境隨俗」，一些結過婚的
演員也會因為又回到錄音班而再交一個同性伴侶。

（二）舞台外另一章──坤生與戲班經營

許多劇種都由男性擔任團長之職，而早期很多歌仔戲班也是由男性領
班，但是當歌仔戲漸漸由女小生當家後，一些知名的女小生便自己組班，自

〔註 103〕受訪者：B 三花。時間：2009 年 12 月 22 日 15：50～16：30。地點：台南市
　　　　文平路那堤咖啡。

〔註 104〕凌煙：《失聲畫眉》（台北市：自立晚報社文化出版部），1991 年 11 月，頁 142。

己擔任團長之職，並以自己名字或藝名為劇團命名，如錦玉己歌劇團、龍肖鳳歌劇團、玉輝堂歌劇團〔註105〕、小貓歌劇團、葉麗珠三姊妹歌劇團、陳美雲歌劇團、秀枝歌劇團、秀琴歌劇團、春美歌劇團、唐美雲歌仔戲劇團、許亞芬歌子戲劇坊、玉琳歌劇團等等。為了戲班經營問題，為了留住演員或職員，許多劇種的男團主都會娶好幾個老婆，因為戲班演員的流動率頗高，如果成為「一家人」，便能在一定程度上拴住演員，如「『美都』歌劇團的小生小桂紅即為團長蔡秋林的夫人，蔡秋林後來又娶花旦杜慧玉為二房。又如『拱樂社』團長陳澄三娶小生麗錦順為二房。『日光』歌劇團團長羅木生娶戽斗寶貴之妹花旦鄭鳳為二房，又娶苦旦董錦鳳為三房等。」〔註106〕當然，團主會三妻四妾不全然是為了經營戲班的緣故，花心風流恐怕也是原因。《月明冰雪闌——有情阿嬤洪明雪的歌仔戲人生》一書中說：

> 當時許多戲班頭家都有「三妻四妾」，或由於「近水樓台先得月」，
> 戲班中年輕貌美的演員，班主以肥水不落外人田的心態納為己有；
> 或者是擔任「顧票口」的帳務小姐，因為清楚劇團的經濟收入，所
> 以也多半要收歸己有才有安全感；或者是戲迷因為熱衷看戲，而願
> 意隨班走以身相許的，亦不在少數。〔註107〕

在田調過程中，得知原來不只男班主會因想留住演員而跟對方交往，一些家族小生有時也會被寄予這樣的期待。女小生兼團長者，也不乏廣泛結交鶯鶯燕燕的例子。J小生在論及舞台表演魅力時，恰好提到她也曾被鼓舞去追求名聞歌仔戲界的小旦花凌。J小生說：

> J 小生：那就是一個人的能量，有時候一個人在舞台上，妳會感覺
> 　　　　她會很亮！那就是她的能量，那花凌在舞台上確實是很會
> 　　　　放電啊，啊妳若是比較不穩的人，就會讓她迷去啊。以前
> 　　　　我姊姊也叫我追她，她也是有在欣賞我，有在迷我啊～
>
> 筆　者：妳姊姊？
>
> J 小生：我第四的姊姊也叫我去追她啊，叫我追花凌。

〔註105〕以藝名為團名的例子，詳參林鶴宜：《從田野出發：歷史視角下的臺灣戲曲》
　　　　（板橋市：稻香出版社），2007年1月，頁74。

〔註106〕林鶴宜：《從田野出發：歷史視角下的臺灣戲曲》（板橋市：稻香出版社），2007
　　　　年1月，頁76。

〔註107〕蔡欣欣：《月明冰雪闌——有情阿嬤洪明雪的歌仔戲人生》（台北縣：台北縣
　　　　政府文化局），2008年9月，頁85～86。

筆　者：爲什麼？

J 小生：因爲她就說花凌對我有意思啊，啊她就叫我將她追起來
　　　　啊，啊我做小生，她做苦旦剛剛好啊。我跟她說不啊！不
　　　　啊，我喜歡的女孩子就不是那種型的（笑），眞的啦，我喜
　　　　歡的女孩子不是那種型的，所以我就不要啊。〔註108〕

J 小生的姊姊之所以會鼓舞 J 小生去追求花凌，是因爲花凌那時常被 J 小生家
的劇團調來演出，她在台上對 J 小生放電，明眼人都看得出她對 J 小生的欣賞，
加上花凌的唱唸做表都不錯，於是 J 小生的姊姊就慫恿 J 小生跟花凌交往，這
樣家族劇團就有不錯的小旦了。

又如水女跟松 T（詳見第三章第三節），演小旦的水女和由三花改演小生
的松 T，她們兩人分分合合，去年松 T 自己整班並擔任當家小生後，她跟水女
的情感也發生變化，兩人協議分手後，松 T 跟小旦慧慧正式交往，慧慧也到
松 T 的班當固定演員，但是幾個月後松 T 又萌生跟水女復合的念頭，還心繫
於她的水女自然同意。不過最後松 T 又以她戲班需要小旦爲由，放棄跟水女
復合的機會，因爲水女欠自家劇團班底，所以她不能當松 T 的固定演員。松 T
放棄跟水女復合所給的理由或許不是眞正的理由，但是水女卻不得不接受這
個對戲班而言夠冠冕堂皇的理由，由此可見家族小生結交班裡同性演員有其
被認可的正當性。

爲經營戲班而廣交戲班小旦的女小生，最遠近馳名的是嘉義的某歌仔戲
劇團，好幾位女小生受訪時都會提到那位坤生跟戲班眾小旦的複雜關係。曾
經很喜歡 K 小生的圓圓也說，K 小生之所以會那麼風流，原因也是爲了戲班
持續經營的原因，她比較「來者不拒」，盡量把迷她的戲迷或小旦留住，目前
她班裡好幾位演員都是因爲看戲喜歡上 K 小生而進班學戲的，而 K 小生也會
運用她的魅力周旋在眾女子間，讓她們死心塌地地跟著自己。這些不是秘密
的秘密，傳統保守不涉及同性情愛的 H 小生也聽過頗多案例：

筆　者：那聽過觀眾因爲看戲，看到後來自己來當演員？

H 小生：有啊，現在超多好不好！

B 三花：□□（高雄某歌仔戲劇團，團長是年輕的女小生）那邊比
　　　　較多。

〔註108〕受訪者：J 小生。時間：2008 年 1 月 20 日 13：00～14：05。地點：J 小生家
　　　　客廳。

H小生：□□有。

筆　者：她們是因爲欣賞團長嗎？

H小生：對啊，還有□□（某歌仔戲界龍頭老大的分團）那邊也是。

筆　者：□□□那邊？因爲欣賞□□□（女小生兼團主的名字）

H小生：對，很多啦，E小生也有啊。

筆　者：有啦，小雅（E小生劇團的彩旦，她是因爲愛慕團長才學戲）。

B三花：瑤瑤也是，瑤瑤她以前是喜歡看苦旦。

筆　者：那她純粹是欣賞囉。

B三花：對對，她很欣賞，所以苦旦拉她上來演歌仔戲，也是有這個例子。

H小生：非常多團啦，只是我現在都忘記了，□□那邊也有。

B三花：看主生會不會招呼，比較會招呼就比較多，如果沒招呼，妳走妳的，我走我的，就很難把她的心留在這邊，人都是這樣。

筆　者：我聽過以前的戲班會了留住演員，團長就會娶好多個太太，若是女生的話就交好幾個朋友，就是爲了讓她們留在戲班演戲。

H小生：有可能。

筆　者：很多嗎？還是只是少數？

H小生：應該是團主本身比較年輕的就會，像□□就是了，□□□就是了，□□那個小生，她也是這樣，她爲了留住那些人，她就對那些人……很好。

筆　者：多嗎？這種情形？

H小生：看團主的經營，看團主有心沒心。

筆　者：會成功嗎？像團主是男生，娶很多個老婆，那就比較穩定。

H小生：妳要看團主是怎樣的，像□□（嘉義某知名小生）就……人家情願在那兒被打個半死……她會打人，她就是對那些小孩很兇，有時還打她們，她們也是甘願要跟她，這很難說。

B三花：現在比較沒有了吧？

H 小生：我聽到的是還有，也都在那邊做到半死，也是說罵就罵。

B 三花：像這種情形比較不會長久吧？

H 小生：我覺得這種是……等到她學到某個程度，或者是她接觸到別人，她就會想離開了。比如說我在妳這兒不會覺得很快樂，也像妳說的不受到重視，又外面的人拉拉拉，這也是有可能。

B 三花：不穩定啦。

筆　者：對啊，我想一個人怎麼應付這麼多？

B 三花：她有她的方法啦。〔註109〕

女小生為了自己劇團，而跟愛慕自己的小旦親近，甚至交往，前者情有可原，尤其是擔任團長者，本應善待自家演員，但是若以交往手段來留住對方，除非能真心相待，不然其實很難令人贊同。但周瑜打黃蓋，也是一個願打，一個願挨，又豈是外人能置喙。就像 K 小生受訪時曾提到的某位朋友，也是跟了她十幾年，想必看盡 K 小生不斷周旋在眾多人中，但她十多年來依舊選擇留在 K 小生身旁幫她，直至日前才離開 K 小生的戲班，其中恩怨糾葛又豈是旁人能加以論斷？

　　總之歌仔戲的坤生因其舞台表演而產生特殊的朋友觀與賞金文化，不論是戲迷、戲箱、乾姊妹、乾爸媽，他們一開始都是基於對坤生舞台表演的欣賞，而後慢慢藉由「賞金」與坤生有了更多的交集；而部分坤生本身因其性別越界表演，陽剛風格內化為個人的特質，或是受圈內文化感染，造成真實人生的性／別越界，因而有了同性情人，加上戲班經營生態，更加強化歌仔戲坤生的朋友觀與賞金觀。

〔註109〕 受訪者：H 小生。時間：2009 年 12 月 25 日 15：18～16：45。地點：台南市文平路那堤咖啡。備註：H 小生是 B 三花的堂姊，訪談時 B 三花也陪伴在旁，讓 H 小生可以比較安心地受訪。

第六章　結　論

　　歌仔戲的研究累積至今成果豐碩，不過在性別與表演關係這一區塊，礙於難以取得受訪者自身性／別認同的「自白」，所以無法深入做探討，本文突破以往田調之成果，取得部分受訪者之信賴，坦承訴說其自身性／別越界之現象，因而能進一步研究歌仔戲坤生性別與表演之關係，以下便對本文重點作脈絡性整理。

第一節　個案研究與性別認同

　　本論文為保護受訪人及其所提到的對象，所以文中所提到的藝人一律採取代號或化名，而 J 小生是筆者的舊識好友，為協助完成論文「歌仔戲坤生性別與表演文化之研究」，她毫不保留地將自己的過往和內心感受盡可能地告知。她出生那年父母自己「整」班，組成歌仔戲劇團。孩提時代的她非常男性化，不僅十分獨立堅強且好做男孩打扮，聽到人家說她像個男孩子，心裡便充滿歡喜，她渴望自己是男孩而非女孩，不過她也清楚自己是個女孩，所以才希冀能「裝」成男生——留短髮，穿球鞋。在她的認知裡，無形中透露出性別是可以透過「裝扮」而達成。當時 J 小生她家的經濟狀況不算寬裕，租賃處是台南有名的風化區，而且因為父親是戲班老闆，所以經常有許多人會出入或借住在他們的家，這樣複雜的環境，讓 J 小生經歷了不同於常人的經驗，她幾度險遭性侵，又看到家境轉好後，父親不安於室跟其他女人有染，五個姊姊各自交男／女朋友。有時是幾個姊妹為同一個女人起爭執，有時是懷了男友的孩子不知該不該就此結婚生子，或是哪位姊妹又被先生打罵了，

未經人事的 J 小生從那時起就跟自己說千萬別交男朋友，但她也沒交女友的慾望，因為她害怕被說成「同性戀」。

學戲、練功、跟賣藥團四處打工，演彩旦、小旦，後來立志成為歌手，十七歲的她離家出走，歷經許多磨難和考驗，她完成了她的夢想，靠趕場唱歌賺了不少錢，也認識了第一個女友 Plum。初識 Plum 時，Plum 是個穿高跟鞋的長髮美女，但兩人相戀後，個頭一直沒增長的 J 小生開始塑造 Plum 成為「T」(Tomboy，比較陽剛的女同志)，J 小生說讓她放棄「當個男生」的念頭，是源於她無法再抽長的嬌小身高。這是一個很有趣也很殘酷的概念，其概念是：男性應該在身高上被要求，而當無法達到一定的標準時，那會是種缺陷、不圓滿。就是基於這樣的概念，J 小生放棄讓自己朝「男性」發展，她決定讓自己頭髮留長，轉型當個女生。男生、女生竟可以透過「頭髮」、「球鞋」等外在條件而被轉換，J 小生的認知再度透露出男女性別認同的荒謬性。J 小生能如此「輕易」放棄「當個男生」的念頭，頗令人感到不可思議，但若對照她後來的性／別發展之心路歷程，這樣的疑惑能獲得解答，因為她其實潛藏雙性特質，她不一定非要當個「男生」或是「女生」不可，因此面對現實不利於「當個男生」的條件時，她可以「選擇」另一個「性別」。不管怎樣，在與 Plum 這段長達十四年的戀情中，J 小生採取漸進式的改造策略，讓 Plum 把頭髮剪短了，改穿中性帥氣的衣服，慢慢地將她雕塑成「T」的模樣，而自己就以女性化的穿著打扮妝點自己成為「婆」(T 的老婆，也可寫成 P)，這時的她是主動選擇「婆」角色的。

因為經濟關係，Plum 跟 J 小生先後投資咖啡廳、啤酒屋、T-bar，也到舞廳工作，而在舞廳這個充滿誘惑的地方，他們兩人的感情開始起了變化。從 J 小生二十三歲到三十歲這個時期，兩人多次分手又復合，J 小生有多次的空窗期，不知是否因為如此，J 小生變得有些笑看情感，將內心的苦悶傷痛化為外在的戲謔調笑，加上她特殊的上班地點，那種風月環境本來就不太能使人嚴肅認真地面對「客戶」，所以 J 小生更加「放縱」自己在言語上的抒發與調謔，沒想到這樣竟就輕易地被當成 T，許多女孩子迷戀她，甚至為她輕生；而 J 小生自己也不排斥被這樣認定，甚至在這過程中，她也在有意無意間拋出、接受了這樣的定位，要人家稱呼她為「小哥」。

與 Plum 正式分手後，J 小生終於接受某一知名戲班老闆 E 小生的追求，她辭去舞廳的帶班工作，到 E 小生的班裡幫忙演出生行，那時她的戲迷陡增，

她才深刻體會到小生這個行當的優勢。與 E 小生的戀情中，J 小生扮演的是婆角，但在舞台表演中，許多女性觀眾把她當作 T（觀眾不一定知道「T」這個詞彙的意思，但心靈深處 J 小生是被視爲一個具有魅力的女性看待，不是傳統陰柔的女性，而是雌雄同體的坤生，小生是屬於舞台上非眞實的人物，T 則是現實人生中的角色），而 J 小生在演小生時，一邊透過表演把自己形塑爲「T」，一邊透過與戲迷朋友的互動，「確認」自己「成爲」T。就像她自己所說的，當女孩子愛上演小生的她時，無形中也會強化她小生的特質，會覺得自己越來越像小生，言行舉止自然會展現帥氣、性格的姿態，甚至連嘴巴都自動會「虧」起來。

> 我記得我以前沒有在演小生的時候，沒有那麼多女孩子「煞」我，自從我做小生之後，（笑）有很多女孩子迷我的時候，那時候我才知道原來做小生就是會迷人喔！就是會讓女孩子愛著我這樣子，然後有女孩子愛著我的時候，有很多人在「煞」我的時候，我就有一個榮譽感妳知道嗎？就會感覺自己越像小生啊……（大笑）眞的，很好笑吧？然後那種姿態也會出來喔！那種帥氣的姿態也會出來喔！
>
> （筆者：有種自信）對！無形中我那種性格也會出來，喔！嘴巴就很會「虧」，那種表情動作就眞正很像那小生，就很像 T 這樣。〔註1〕

「就像小生」、「就像 T」，好像很奇妙又很自然，「在台上演小生之後，自然小旦會『煞』到妳，小女孩會『煞』到妳……妳就這樣子被拱起來啦。」〔註2〕不論戲裡戲外，都會迷倒同性，而且自己也會「陷」入其中，也有被小旦放電迷走的可能性。

　　以上是 J 小生的親身經歷，在本論文第二章花了許多筆墨將 J 小生的截至目前爲止的生命歷程鋪陳出來，目的是爲了更全面地理解 J 小生在複雜環境和特殊經歷中的性別認同轉換過程。她經歷渴望是一個男孩的童年生活，後來因爲身高不再抽長，她決定轉型成爲「女性」，與 Plum 有了肢體的親密接觸後，她又主動選擇「婆」角色，再度透過裝扮型塑角色認同，將 Plum 由傳統美人變成帥氣女性。而 J 小生的心靈並沒有從此丟開陽剛堅毅的特質，在 T-Bar 她一向被視爲來自台北的美女 T，就是外表很時髦很女性，內心卻是個 T，J

〔註1〕　受訪者：J 小生。時間：2008 年 1 月 20 日 13：00～14：05。地點：J 小生家客廳。

〔註2〕　受訪者：J 小生。時間：2008 年 1 月 20 日 13：00～14：05。地點：J 小生家客廳。

小生的心靈悠遊於 T 與婆之間，尤其在充任生行後，透過表演與女戲迷的互動，某個部分的她益發「小生化」、「T 化」，但在實際的情慾傾向裡，她一直是個婆。

第二節　坤生的性／別越界

　　J 小生並不是唯一逸出傳統性別規範的坤生，她的性／別易動也不是唯一的類型，在本文實際田調中，至少有以下幾種類型：

　　　　一、心理性別在 T、婆之間擺盪，實際性慾傾向為 T：如 J 小生
　　　　二、心理性別在異、同之間擺盪，實際性慾傾向為男性、T：如 C 小生
　　　　三、心理性別在異、同之間擺盪，實際性慾傾向為男性、T、婆？：火女、土女
　　　　四、心理性別為 T，實際性慾傾向為婆：如 D 小生、E 小生、I 小生、Q 小生
　　　　五、心理性別為婆，實際性慾傾向為 T：如 N 小生、B 小旦
　　　　六、心理性別在異、同之間擺盪，實際性慾傾向為男性、婆：如三花小帛（有時也演副生）、H 小生的姊姊（行當也是小生）。

　　上述幾種類型其實已簡單化坤生的性／別易動，因為除了 J 小生、D 小生、E 小生、Q 小生、N 小生與 B 小旦外，其餘個案是以她們實際的交往對象作為性／別易動的準則，無法得知她們內心的性／別認同是如何。為更加清楚呈現坤生的性／別觀，以製表形式呈現：

表七：田調資料裡坤生的幾種性／別認同

生理性別	女	女	女	女	女	女	女
性別認同	異女	T	婆	婆/T	異女/婆	異女/T	異女/T/婆
性慾取向	男	婆	T	T	男/T	男/婆	男/婆/T
案例	H小生 P小生 L小生	E小生 I小生 Q小生	N小生 B小旦	J小生	C小生	G小生 H小生姐 三花小帛 K小生	火女——旦、生 土女——旦、生
備註	沒越界		B小旦曾演生行。			小帛有時也演副生。	火女與土女目前行當皆為小生。

由上表可知坤生的性／別易動是十分多元化的，當然也有謹遵傳統性別規範的坤生，如 H 小生、P 小生、L 小生，她們的心理性別為女性，實際性慾傾向為男性。

這多元化性／別觀的可能來自於人其實是雙性戀的，只是有些人被啓發，有些人沒被啓發，從事舞台表演，且是表演與真實性別顛倒的坤生，她們更容易被啓發潛藏的多元性別特質，有些人會因為長期從事某種行當的演出而啓發其性別轉換的可能性，如 H 小生的姊姊（同為小生）在傳統家族的觀念限制下，依舊被啓發「T」性別，和小旦相戀，雖然遭受父親強烈反對，但真正使她放下 T 身份，是在小旦移情別戀之後，她才走入婚姻，回歸傳統性別身份。又如受訪的 A～Q 女小生中（扣除 O 為男小生），有八位女小生的性別和行當呈現同軌現象，也就是說在十六位女小生中，至少有八位確定為 T。

對坤生而言，男女性別是可以透過妝扮、表演完成的，人生如戲、戲如人生，這樣體悟在藝人身上想必感受更深刻，舞台扮裝是種表演，性別在某個程度上也是種表演，性別透過重複性的踐履而奠立、鞏固主體，但性別並非穩定的身份，它只是經由不斷重複操演而「及時、薄弱地構成身份」，「性別是種『演出』，同為有意和踐履性的，於此『踐履性』代表戲劇性和隨機的意義建構。」〔註3〕

謝喜那認為「熱身—演出—冷卻的順序是一個表演的統一體」，戲曲演員的行當訓練、舞台角色扮演，與下戲後回歸自身性別的過程也是相似的，不過並不是每個人的「冷卻」功夫都可以做得很好，像 J 小生，她會因為女戲迷的簇擁而暫時不想恢復「女兒身」，洪明雪也是，她將舞台上的角色搬到台下，把自己當成「男人」，穿男人的衣服，走江山樓、舞廳，抱藝妲、酒家女……這些行徑都說明了她們深受坤生行當／舞台男性角色的影響，她們在演出結束後並沒有做好「冷卻」的功夫，依舊陷在行當的飾演中，不過這也證實了性別的可表演性。

H 小生的姊姊也是相似的狀況，她因為飾演生行，又遇到有同性經驗的小旦，結果兩人就將台上的情侶關係演到台下；偶爾串演生行的三花小帛也是，她早已結婚生子，但受到小旦花凌引誘，於是也跨越原來的性／別觀，在台下繼續扮演台上的角色，與花凌談起戀愛。

〔註 3〕 Judith Butler 著、林郁庭譯：《性／別惑亂：女性主義與身份顛覆》（苗栗縣：桂冠圖書股份有限公司），2008 年 12 月，頁 216。

關於演員自我與舞台角色的問題，謝喜那提出他觀察研究的結果：

> 他／她可能因為太入戲，太受劇中人物的影響，而被「永久改變」
> （transformation），或是在演出當時，「暫時變成另一個人，但在事
> 後又回到自己原來的狀態」（transportation）……每一場個別的表演
> 都會使演員產生短暫的改變，而一連串短暫的改變將導致演員永久
> 的人格變化。〔註4〕

檢視本文所做的田野調查，將謝喜那的表演理論套到坤生的性別表演中，發現除了某部分演員會因為小生行當的飾演而產生「性別」的「永久改變」，多數演員則不僅於演出當時產生「短暫改變」，而是在某段時間會隨著舞台行當的扮飾而產生性／別越界現象，如 H 小生的姊姊、小帛。對照小旦行當，許多小旦也會因為在舞台上和坤生談情說愛，導致台下的她們也會產生性／別越界，時而是婆，時而是異女，如金女、水女，台下的她們有時會延續台上的角色，與 T 相戀，有時又跳回「正統」性／別框架，同男人交往；火女跟土女某些時段更是隨著台上的性別扮演而一再改變她們台下的性／別，才會造成她們的性別認同游移在異女、婆、T 之間。

至於 B 小生、D 小生、E 小生、I 小生、Q 小生等人，可能因為長期充任生行，更加鞏固了她們的 T 認同，因此台下的她們只與婆相戀，而也因為她們與婆相戀，反過來又強化了她們的小生表演魅力，在舞台上可以更揮灑自如地扮飾「男性」，更懂得如何塑造吸引女性的「男性角色」，這也造成了坤生的表演美學。

第三節　坤生的表演美學

性別在某種程度上是屬於建構出來的觀念，所以坤生可以透過型塑表演創造或重申自己的新性別，而對於看坤生演出的觀眾而言，他們也同時經歷坤生在舞台上的性別展現，認同並欣賞，因而共同創造出一種新性別——雌雄同體的新性別。周慧玲在比較京劇乾旦藝術和美國次文化的反串表演時，提出下列的思考點：

〔註 4〕 Schechner, Richard. Between Theater $ Anthropology. （Philadelphia：University of Pennsylvania Press）1985，p125～126.

雖然京劇的乾旦藝術和美國的次文化表演活動大異其趣，但兩者以
「男扮女」的反串表演，是否同樣揭示「女性」是男人在舞台上創
造出來的概念。〔註5〕

同理，當歌仔戲坤生以「女扮男」的表演在舞台上呈現「男性角色」，是否也
揭示「男人」是女人在舞台上創造出來的概念。這個舞台「男人」並不是擁
有雄性性特徵的生物性男人，而是坤生創造出來的「男人」，一種雌雄同體的
人，這樣的新性別對一些女觀眾而言比純粹的男人、純粹的女人更具魅力，
這也是爲什麼歌仔戲觀眾，尤其是戲迷、戲箱以女生居多的原因。女性之所
以被坤生吸引，有部分的人是因爲她們愛上坤生在舞台上所飾演的男性角
色，進而將感情投射在坤生身上；有部分的人她們十分清楚坤生眞實性別（不
管是傳統女性或是 T），但依舊戀上亦男亦女的坤生，因爲她們也被啓發出同
性傾向的部分，這就是坤生表演美學作用的結果——對坤生來說，她們的演
出就是一種虛實交錯、雌雄同體的表演，不論是在容妝外型的打造上，或是
進入角色的情感傳遞上，歌仔戲小生在表現男性角色的同時，又透顯屬於女
性的情感傳遞和妝容氣質。且歌仔戲生旦妝扮的差別，遠不如京崑等其他劇
種生旦的差異，體現出一種男女交錯、雌雄同體的審美觀，如外台歌仔戲生
旦經常在同台演出時穿著「情侶裝」，這會讓小生外型更顯雌雄莫辨，生跟旦
在服裝外型沒有什麼區別（至少在觀眾眼裡是這樣，演員自己在著裝過程會
清楚自己裡面的戲服有分男女），而這樣的外型呈現無法表現男女有別的效
果，或者說不容易彰顯出男女有別。「情侶裝」，或是追求華美亮麗的歌仔戲
小生戲服，縮短了生旦外在的差異，體現出歌仔戲小生在服裝、妝容上雌雄
同體的美學觀。

生旦服裝、妝容的「擬似」，讓小生多了一種秀美豔麗色彩，而這與小生
所扮飾的男性角色之間會形成一種「落差」，並非小生要刻意去追求陰柔美，
恰恰相反，小生在形體身段、念白唱腔上都努力表現英挺、陽剛的氣息，但
在服飾妝容上，又呈現出亦男亦女、非男非女的弔詭現象，而正是這種矛盾
特殊的風格，造就出坤生的舞台魅力，讓許多女性觀眾爲之癡迷。

除了外型的妝扮之外，演技的情感傳遞也是坤生非常重要的美學特色。
坤生透過千錘百鍊的程式動作，詮釋異性的藝術肢體動作，觀眾很自然可以

〔註5〕 周慧玲：《表演中國：女明星，表演文化，視覺政治，1910～1945》（台北市：
麥田出版），2004 年 6 月，頁 251。

感受到舞台上演的是一個男性角色。不過在透過音樂、唱腔、身段等藝術手段演繹一個男性角色時，這個軀殼的內心其實是女的，她以女性對於男性的理解，對於角色情感的理解，透過程式的外化動作，把人物的內心情感傳遞出來，所以那種藝術呈現，不是單一轉化的過程，是一種「女兒心、男兒身」的情感傳遞，通常會比「男兒心、男兒身」的情感傳遞多了一股細膩、柔美的風格。而且對於角色的理解，也不是像男人理解男人那般知己知彼，而是更接近女性所期待的異性模樣，坤生演的就是女人心目中的男人模樣，不是男人所理解的男人樣子，這也是為什麼坤生會擁有魅惑人心的力量，因為舞台上的坤生烙印在觀者眼裡、腦裡的是類似「T」的人物，是陽性特質與女性身體的結合所產生的魅力，坤生屬於戲曲舞台，T是真實人生的角色，觀眾並不一定知道什麼是「T」，但並不妨礙其心理活動所產生的欣賞、愛慕。

第四節　坤生文化

　　因為坤生的表演美學造就出新的性別觀，一種 T 性別，T 美學，風靡了許多女性觀眾，也造就出歌仔戲的坤生文化，大量的女觀眾會想與心儀的演員接觸，那如何接觸？她們可能藉由贈與照片或給賞金方式到後台表示她們對演員的支持與鼓勵，逐漸地就產生賞金文化，可以說賞金的形式很多，以前多以金子、金牌為主要賞賜物，現在則以現金為主。賞金少則一兩千，多則數十萬，現在外台的歌仔戲演出沿襲內台時期貼賞的模式，只是會以更加直接的方式告知所有觀眾。而這些乍看之下頗為可觀的賞金，其實有著其他的解讀空間，也代表著某種特殊的語彙，對藝人而言，賞金可能是種藝術肯定、一股支持力量、一筆額外收入、一種交友語彙，或者是一場應酬的預約。對貼賞者而言，賞金可能是某種情義支持或情慾慾望的投射。

　　至於如何統攝女性觀眾與藝人的關係？歌仔戲藝人會以「朋友」這個語言符碼來概括，他們所謂的「朋友」有五種意涵，一是普遍性的朋友意涵，二是個人的戲迷，三是貼賞、做戲服的戲箱，四是乾爸媽/乾姊妹，五是同性情人，而一旦被視為「朋友」，歌仔戲藝人對其便有個「高忠誠度」規範原則，她們視忠於自己的朋友為知己朋友、死忠的朋友，這樣的朋友不會「見一個愛一個」，她們永遠都是支持自己的，而且只對自己付出。基於「忠誠度」的規範原則，藝人當然不願意自己的朋友又跟其他藝人變成「朋友」，而藝人自

己之間也有個不成文的「內行規矩」，那就是不能去搶別人的朋友。多數的歌仔戲藝人都有個共識，就是某某人已是某藝人的朋友，那其他藝人理論上就不會跟某某人深交，這是歌仔戲班的「內行規矩」，當然也有不少藝人會去破壞這個規矩，那在其他藝人的心裡，就會覺得她跟某藝人的朋友變成朋友的過程是用手段、耍心機的。不過有一個特殊的狀況，就筆者所知台北有個非常有錢的戲箱，表面上她同時是幾個名小生的朋友，幾個名小生也都會說某某人是自己的朋友，但 J 小生說其實大家心知肚明那個戲箱是誰的朋友，只是因為她非常有錢，又喜歡跟小生做朋友，所以幾個小生也就「不忌諱」跟那位戲箱往來。

從另一方面來看，除了藝人之間不能互相搶朋友之外，朋友自己也不能跟其他藝人變成朋友，否則他便會失去原來的藝人朋友。簡單來說，若甲是 A 藝人的朋友，那甲便不可能又是 B 藝人的朋友，或許在甲自己的認定中不是這樣子，但對歌仔戲藝人來說，這是個很清楚的界線，你若是其他藝人的朋友，那你便不可能是我心裡認定的朋友。當一個人若是想同時成為兩個歌仔戲藝人的朋友，那他就會被視為不忠心的朋友，甚至被冠上「戲班抹布」的不雅封號。

至於「忠誠度」為何會成為朋友的規範原則？主要基於藝人的隱私安全、面子問題、賞金等利益關係，尤其是牽扯到賞金的利益衝突，因為坤生跟戲迷、戲箱、乾姊妹、乾爸媽的往來互動，有個很特別的交往模式，那就是藉由賞金交換情誼、肯定自我；或是藉由服飾，聯繫關係（這點在坤生與女戲箱的性別往來間特別有意思，女人愛買服飾，也藉由服飾聯繫感情）。

坤生跟同性情人這一部份則是最容易引起外界好奇的區塊，本文必須再次重申，並不是所有的歌仔戲坤生都會逾越傳統的性／別觀，只是當性別也被視為是種表演時，許多既定的準則會產生鬆動，尤其當性別與表演相交織後，其結果之一可能會讓某些小生更加確認自己的性別認同，如 Q 小生，她在剛學戲時雖然不太喜歡演小旦，可是被指派演小旦時還是會上場，只是臭著一張臉，但是當她確認自己喜歡上 B 小旦，而且在 B 小旦的教授之下懂得何謂 T、婆後，目前的她抵死不演旦行。也就是說當演員確認自身的性別為「T」後，一般就不太會繼續演旦行，「不是不敢演，是不要演」，像 B 三花也是這樣的情形，她確認自己的性別為 T，因此當某次她連續被指派演旦角，第三天她就翻臉了，寧願不領薪，也不再演旦行。

其二是導致演員有意識地將性別視爲表演，以穿著打扮來昭告世人自己的性別認同，如 L 小生，她演過四、五年的三花，後來改演小生至今，有些戲迷會迷戀她舞台上的俊美形象，但她並不是「T」，也不是同性戀圈子的人，所以私底下的她會刻意打扮得十分女性化，長裙長髮，以區分台上台下的不同性別。

其三是故意「混淆視聽」，帶著戲弄性質企圖凌駕世俗觀念，如 I 小生，她跟同班小旦是一對的事實幾乎人盡皆知，但她並不想理會別人的看法，也不想依循性別分明、「男女有別」的固定模式，她可以穿得很中性，但留起超長的頭髮。她受訪時笑著說：「我本來就是女人啊！」她知道戲迷戲箱都知道她的 T 身份，但她不想去符合世人對「T」的要求準則，她只做她自己，不想「隨波逐流」。

另外，錄音班比肉聲班擁有更高的同性戀情比例，原因有三：一是學戲者多爲年輕少女，在早期交通不便的年代，沒有家累的錄音班年輕女孩不用趕回家過夜，所以便隨著戲班四處爲家。根據調查，在二十年前左右她們依舊維持不回家過夜的習慣，那長年在外地的她們，尤其又常在荒郊廟宇旁打地鋪，孤獨、寂寞、恐懼等因素，會讓她們渴望在班裡找一個伴，而且幾乎二十四小時生活在一起的她們感情容易深厚，彼此會更像親姊妹那般相互照顧。就像 D 小生，她說她之所以跟第一個伴交往，就是因爲剛到錄音班的自己會害怕晚上一個人睡在墓旁，而小旦小草那時很照顧她，所以很自然地就在一起了。

二是錄音班「死戲」表演使然，衝突不高。肉聲班在午戲和夜戲演出之前，會有人先講戲，將分場情節和基本唸白唱詞大致講述一遍，然後演員就得自己構思自己的唸白唱腔和出台身段，除了武打部分會事先套招之外，其餘對戲就是「台上見」，大家見招拆招，演的是「活戲」，沒有固定的劇本。錄音般的演出相形之下已有固定的「劇本」，會在台上見招拆招的部分就只剩下身段與眼神交流，唸白唱詞都已套死，所以被視爲「死戲」。不管是錄音班或是肉聲班，如果演員彼此交情都很好，那自然都不會在台上產生「捉弄人」的事件，大家反而會在對方出錯時「搭救」、「掩護對方」，但若情誼不佳，或是彼此競爭，那在演出活戲的狀況下，可能就會產生讓對方下不了台的局面，如故意考驗對方的應變能力，隨意出招，如此一來，交情只會更壞。相形之下，錄音班因爲是對口表演，自然不能「自編自導」，也就不會有無法應變的情形產生，自然發生衝突的機會就不高。

　　三是同性交往風氣相襲。縱然現在交通便利了，沒有家累的錄音班年輕演員也能每天回家過夜，但是同性交往的風氣依舊盛行，那是既成的文化風氣使然，只要在錄音班生活，交女友已是習以為常的現象，排斥同性戀情的狀況比例就會降低，像錄音班 M 小生的媽媽就覺得女兒要交男友、女友都成。目前還會被錄音班調去演戲的 B 三花表示，有些已經結婚的演員，又回到錄音班演出後，她們會在班裡交一個伴。

　　坤生會交往同性情人，還有一個特殊的原因，那就是為了戲班經營之故。許多劇種都由男性擔任團長之職，早期很多歌仔戲班也是由男性領班，為了留住演員或職員，許多劇種的男團主都會娶好幾個老婆，因為戲班演員的流動率頗高，如果成為「一家人」，便能在一定程度上拴住演員。當然，團主會三妻四妾不全然是為了經營戲班的緣故，花心風流恐怕也是原因。而當歌仔戲漸漸由女小生當家後，一些知名的女小生便自己組班，自己擔任團長之職，她們也同樣面臨如何留住演員的問題，因此女小生兼團長者，也不乏廣泛結交鶯鶯燕燕的例子，不過這只是部分戲班的狀況。

第五節　餘論──性／別的再翻轉

　　本論文以實際個案為根據，主要聚焦於坤生性別與表演的關係，以及由此產生的特殊符碼與文化。不過在田野資料收集的過程中，發現歌仔戲的表演生態也慢慢產生新的變化，那就是逐漸有男小生竄起的趨向。H 小生說以前哪有什麼男小生，但現在歌仔戲戲班卻有越來越多的男小生，南北戲班皆是如此。G 小生受訪時也提到此一現象：

　　G 小生：我感覺現在的歌仔戲都是男生在學戲，女孩子都不學。

　　筆　者：真的嗎？不是女孩子居多嗎？

　　G 小生：沒有，是演小生女孩子居多，現在小生男孩子也是很多啊。

　　筆　者：對啦，也開始有男小生。

　　G 小生：這是我感覺到的，女孩子都不學戲了，都是男孩子。男孩
　　　　　　子那種就是嗲嗲的那種！

　　筆　者：對，好像很多男小生都是那個……

　　G 小生：對，男生也演小旦啊，都有，倒是覺得現在男生比較多，
　　　　　　女生好像沒有人要學了。〔註6〕

〔註 6〕受訪者：G 小生。時間：2009 年 12 月 23 日 15：35～16：30。地點：高雄鳳
　　　　山金礦咖啡。

G小生覺得學歌仔戲的男孩子都是「嗲嗲」的那種，言行舉止比較陰柔。這不禁讓人懷疑是否因為歌仔戲陰柔的表演風格，吸引某些男演員加入，因為這些男小生本身的性／別認同也非傳統的性／別認同，傳統性／別認同如下表所示：

表二：傳統性／別觀

生理性別	女	男
性別認同	女性	男性
社會性別	陰柔特質	陽剛特質
性慾傾向	男	女

在筆者所知曉的有限之歌仔戲男小生中，有九成以上也是結交同性朋友，男演員O小生以他所認識的男演員（涵蓋各行當）來保守估計，他說應該有五成以上是男同性戀者。或許是社會風氣日益開放使然，也或許真是歌仔戲陰柔的表演風格吸引有男同傾向的男性重新加入歌仔戲的舞台，因為這些男小生在舞台表演風格上也是偏向陰柔為多（歌仔戲沒有流派問題，所以應該不像越劇男小生為了模擬坤生的唱腔流派而使其表演帶有雌性色彩）。若真是如此，性別與表演的關係就更形複雜，或許這是日後可繼續深入探討的問題。

參考資料

除古籍外，大抵以出版年月先後次序排列

一、古籍

1. （周）管仲：《管子》（台北市：台灣商務印書館），1975 年，上海商務印書館縮印常熟瞿氏藏宋本。

2. （周）左丘明撰、吳‧韋昭注：《國語》（樹林鎮：漢京文化事業有限公司），1983 年 12 月。

3. （漢）司馬遷撰、宋‧裴駰集解、唐‧司馬貞索隱、唐‧張守節正義：《史記》（北京：中華書局），1959 年。

4. （唐）劉肅撰，許德楠、李鼎霞點校：《大唐新語》（北京市：中華書局），1984 年。

5. （魏）何晏集解、（宋）邢昺疏《論語註疏解經》（明熊九岳等校刊本墨校近人阮闓手書題記）。中國子學名著集成編印基金會。

6. （東晉）郭璞注：《山海經》（北京市：華夏出版社），2004 年。（中華道藏第四十八冊）

7. （宋）孟元老撰、伊永文箋注：《東京夢華錄箋注》全二冊（北京市：中華書局），2006 年 8 月。

8. （元）脫脫等撰：《宋史》（北京市：中華書局），1985 年 6 月。

9. （元）《青樓集》（北京：中華書局），1985 年。據古今說海本排印初編。

10. （明）沈德符：《顧曲雜言》，上海國學扶輪社排印本，1915 年。

11. （明）潘之恆：《亘史外紀》明天啓丙寅（六年，1626）天都潘氏家刊本。

12. （明）葉紹袁：《午夢堂全集存一〇種》，1916 年。吳江唐氏寧儉堂排印本。

13. （明）《永樂大典戲文三種校注》，錢南揚校注，（台北市：華正書局有限公司），1985 年 3 月。

14. （明）陸容《菽園雜記》，（北京市：中華書局），1985 年。

15. （明）都穆撰、陸采輯：《都公彈纂》（北京市：中華書局），1985 年。

16. （明）湯顯祖著，徐朔方、楊笑梅校注：《牡丹亭》（台北市：里仁書局），1995 年 2 月。

17. （明）沈德符：《清權堂集》（上海市：上海古籍），1995 年。

18. （明末清初）余懷：《板橋雜記》、（清）珠泉居士：《續板橋雜記》、（清末民初）金嗣芬編：《板橋雜記補》（南京市：南京出版社），2007 年 1 月。

19. （清）《李漁全集》十卷（杭州市：浙江古籍出版社），1991 年 8 月。

20. （清）李斗：《揚州畫舫錄》（台北市：世界書局），1979 年 10 月。

21. （清）陸文衡：《嗇庵隨筆》（台北市：廣文書局），1969 年 1 月。

22. （清）王韜：《松隱漫錄》（台北市：廣文書局），1976 年。

23. （清）余賓碩：《金陵覽古》（台北市：新興），1984 年。

24. （清）段玉裁：《說文解字注》（上海市：上海古籍出版社，1995 年據北京圖書館藏清嘉慶二十年經韻樓樓刻本影印）。

25. （清）宣瘦梅：《夜雨秋燈錄》，收錄於《筆記小說大觀》二十九編（台北市：新興書局），1979 年。

26. （漢）許慎撰、（清）段玉裁注、（民國）魯實先正補：《說文解字注》（台北市：黎明文化事業股份有限公司），1988 年 10 月。

27. （清）曹雪芹、高鶚著、（民國）馮其庸等校注：《紅樓夢校注》（台北市：里仁書局），1984 年 4 月。

二、專書

1. 呂訴上：《台灣電影戲劇史》（台北市：銀華出版社），1961 年 9 月。

2. 陳國鈞：《文化人類學》（台北市：三民書局股份有限公司），1977 年 7 月。

3. 愛德華・特賴（Edward Wright）著、石光生譯：《現代劇場藝術》（台北市：書林出版有限公司），1986 年 1 月。

4. 朱景英：《海東札記》（台北市：大通書局），1987 年。（臺灣文獻史料叢刊第七輯——海東札記、臺陽見聞錄合訂本）

5. 凌煙：《失聲畫眉》（台北市：自立晚報社文化出版部），1991 年 11 月。

6. 譚達先：《中國民間戲劇研究》（臺北市：臺灣商務印書館股份有限公司），1992 年 12 月。

7. 楊渡：《日劇時期台灣新劇運動（一九二三～一九三六）》（台北市：時報文化出版企業有限公司），1994 年 8 月。

8. 王溢嘉：《情色的圖譜》（中和市：野鵝出版社），1995 年 10 月。

9. 陳耕、曾學文：《百年坎坷歌仔戲》（台北市：幼獅文化事業股份有限公司），1995 年 11 月。

10. 周慧玲：《表演心理學概論》（台北市：國立復興劇藝實驗學校），1996 年 3 月。

11. 張小虹：《慾望新地圖》（台北市：聯合文學出版社有限公司），1996 年 10 月。

12. 陳耕、曾學文、顏梓和：《歌仔戲史》（北京市：光明日報出版社），1997 年 1 月。

13. 曾永義：《論說戲曲》（台北市：聯經出版事業公司），1997 年 3 月。

14. 鄭美里：《女兒圈：臺灣女同志的性別、家庭與圈內生活》（台北市：女書文化事業有限公司），1997 年 3 月。

15. 柯采新（Cheshire Calhoun）著、張娟芬譯：《同女出走》（台北市：女書文化事業有限公司），1997 年 7 月。

16. 張小虹：《性帝國主義》（台北市：聯合文學出版社有限公司），1998 年 11 月。

17. 張娟芬：《姊妹「戲」牆》（台北市：聯合文學出版社有限公司），1998 年 11 月。

18. 邱旭伶：《臺灣藝妲風華》（台北市：玉山社出版事業股份有限公司），1999 年 4 月。

19. 張小虹：《怪胎家庭羅曼史》（台北市：時報文化出版企業股份有限公司），2000 年 3 月。

20. 曾永義：《戲曲源流新論》（台北縣：立緒文化事業有限公司），2000 年 4 月。

21. 中正大學教育研究所主編：《質的研究方法》（高雄市：麗文文化事業股份有限公司），2000 年 6 月。

22. 吳紹蜜、王佩迪：《蕭守梨生命史》（臺北市：國立傳統藝術中心籌備處），2000 年 6 月。

23. 佛洛伊德（Sigmund Freud）著、宋廣文譯：《性學三論、愛情心理學》（台北市：知書房出版社），2000 年 7 月。

24. 張喬婷：《馴服與抵抗：十位校園女菁英拉子的情慾壓抑》（台北市：唐山出版社），2000 年 12 月。

25. Robert K. Yin 著、尚榮安譯：《個案研究法》（台北市：弘智文化事業有限公司），2001 年 2 月。

26. 李祥林：《性別文化學視野中的東方戲曲》（香港：天馬圖書有限公司），2001 年 4 月。

27. 張在舟：《曖昧的歷程——中國古代同性戀史》（鄭州市：中州古籍出版社），2001 年 4 月。

28. 謝克納（Schechner ,Richard）著、曹路生譯：《環境戲劇》（北京：中國戲劇出版社），2001 年 5 月。

29. 邱坤良：《陳澄三與拱樂社——台灣戲劇史的一個研究個案》（台北市：國立傳統藝術中心籌備處），2001 年 12 月。

30. 理查‧波斯納（Richard A. Posner）著、高忠義譯：《性與理性（上）：性史與性理論》（台北市：桂冠圖書股份有限公司），2002 年 6 月。

31. 理查‧波斯納（Richard A. Posner）著、高忠義譯：《性與理性（下）：性規範》（台北市：桂冠圖書股份有限公司），2002 年 6 月。

32. 呂妙芬：《陽明學士人社群——歷史、思想與實踐》（台北市：中研院近史所），2003 年 4 月。

33. 修君、鑒今：《中國樂妓史》（北京市：中國文聯出版社），2003 年 7 月。

34. 廖奔、劉彥君：《中國戲曲發展史》四卷（太原市：山西教育出版社），2003 年。

35. 劉彥君：《圖說中國戲曲史》（台北市：揚智文化事業股份有限公司），2003 年 8 月。

36. Pepper Schwartz, Virginia Rutter 著、陳素秋譯：《性之性別》（永和市：韋伯文化國際出版有限公司），2004 年 1 月。

37. 葉長海、張福海：《插圖本中國戲劇史》（上海市：上海古籍出版社），2004 年 4 月。

38. 王書奴：《中國娼妓史》（北京市：團結出版社），2004 年 6 月。

39. 周慧玲：《表演中國：女明星，表演文化，視覺政治，1910～1945》（台北市：麥田出版），2004 年 6 月。

40. 瑪格莉特‧慕肯伏伯（Margaret Muckenhoupt）著、褚耐安譯：《佛洛依德：潛意識、夢的解析、性學》（新店市：世潮出版有限公司），2004 年 7 月。

41. 佛洛伊德（Sigmund Freud）著、劉慧卿、楊明敏譯：《論女性：女同性戀案例的心理成因及其他》（台北市：心靈工坊文化事業股份有限公司），2004 年 9 月。

42. 林鶴宜、蔡欣欣：《光影、歷史、人物：歌仔戲老照片》（宜蘭縣：國立傳統藝術中心），2004 年 10 月。

43. 柯拉茲（Jacques Corraze）著、陳浩譯：《同性戀》（台北市：遠流出版事業股份有限公司），2005 年 3 月。

44. 張娟芬：《愛的自由式——女同志故事書》（台北市：時報文化出版企業有限公司），2005 年 3 月。

45. 傅謹：《二十世紀中國戲劇的現代性與本土化》（台北市：國家出版社），2005 年 4 月。

46. 麥特・席爾斯（Matt Hills）著、朱華瑄譯：《迷文化》（永和市：韋伯文化國際出版有限公司），2005 年 9 月。

47. 郭佩宜、王宏仁主編：《田野的技藝：自我、研究與知識建構》（台北市：巨流圖書有限公司），2006 年 2 月。

48. 楊惠玲：《戲曲班社研究：明清家班》（廈門：廈門大學出版社），2006 年 4 月。

49. 米歇爾・福柯著、佘碧平譯：《性經驗史》（上海：世紀出版集團上海人民出版社），2006 年 5 月。

50. 李惠綿：《戲曲表演之理論與鑑賞》（台北市：國家出版社），2006 年 5 月。

51. 李祥林：《戲曲文化中的性別研究與原型分析》（台北市：國家出版社），2006 年 6 月。

52. 黃華：《權力、身體與自我——福柯與女性主義文學批評》（北京市：北京大學出版社，）2006 年 9 月。

53. Kathryn Woodward 編、林文琪譯：《認同與差異》（永和市：韋伯文化國際出版有限公司），2006 年 10 月。

54. 徐亞湘：《日治時期臺灣戲曲史論：現代化作用下的劇種與劇場》（台北市：南天書局有限公司），2006 年 5 月。

55. 徐亞湘：《史實與詮釋：日治時期台灣報刊戲曲資料選讀》（宜蘭縣五結鄉：傳統藝術中心），2006 年 12 月。

56. 艾莉斯・馬利雍・楊（Iris Marion Young）著、何定照譯：《像女孩那樣丟球：論女性身體經驗》（台北市：商周出版），2007 年 1 月。

57. 林鶴宜：《從田野出發：歷史視角下的臺灣戲曲》（板橋市：稻香出版社），2007 年 1 月。

58. 夏蘭編著：《中國戲曲文化》（北京市：時事出版社），2007 年 1 月。

59. 約瑟夫・A・馬克斯威爾著、朱光明譯：《質的研究設計》（重慶市：重慶大學出版社），2007 年 4 月。

60. 弗里茲・克萊恩（Fritz Klein, MD）著、陳雅汝譯：《異／同之外：雙性戀》（台北市：商周出版），2007 年 5 月。

61. 羅伯特・K・殷（Robert K.Yin）著、周海濤等譯：《案例研究：設計與方法》（重慶市：重慶大學出版社），2007 年 6 月，第三版。

62. 莎蘭.B.麥瑞爾姆著、于澤元譯：《質化方法在教育研究中的應用：個案研究的擴展》（重慶市：重慶大學出版社），2008 年 1 月。

63. Jennifer Harding 著，林秀麗、黃麗珍譯：《性的扮演：陰/陽特質的實踐》（永和市：韋伯文化國際出版有限公司），2008 年 6 月。

64. 張春興：《現代心理學——現代人研究自身問題的科學》（台北市：臺灣東華書局股份有限公司），2008 年 8 月。

65. 蔡欣欣：《月明冰雪闌——有情阿嬤洪明雪的歌仔戲人生》（板橋市：台北縣政府文化局），2008 年 9 月。

66. 巴特勒（Judith Butler）著、林郁庭譯：《性/別惑亂：女性主義與身份顛覆》（苗栗縣：桂冠圖書股份有限公司），2008 年 12 月。

67. 羅伯特・K.殷著、周海濤等譯：《案例研究方法的應用》（重慶市：重慶大學出版社），2009 年 1 月，第二版。

68. 陶東豐主編：《粉絲文化讀本》（北京市：北京大學出版社），2009 年 2 月。

69. 朱迪斯・巴特勒（Judith Butler）著、郭劼譯：《消解性別》（上海市：上海三聯書店），2009 年 11 月。

三、研討會論文集和學位論文

1. 劉秀庭：《「賣藥團」：一個另類歌仔戲班的研究》，國立藝術學院傳統藝術研究所碩士論文，1999 年 9 月。

2. 黃雅勤：《日治時期之內台歌仔戲全女班》，國立藝術學院戲劇學系碩士班戲劇理論組碩士論文，2000 年 1 月。

3. 溫州市文化局編：《南戲國際學術研討會論文集》（北京市：中華書局），2001 年 5 月。

4. 呂蓓蓓：《李漢祥「梁祝」電影研究——以女性觀眾凝視角度分析》，中國文化大學中國文學研究所博士論文，2002 年 1 月。

5. 吳孟芳：《台灣歌仔戲坤生文化之研究》，國立台灣大學戲劇研究所碩士論文，2002 年 6 月。

6. 周象耕：《「乾旦」研究》，南華大學美學與藝術管裡研究所碩士論文，2002 年 6 月。

7. 蕭伶玲：《朋友（bein-yu）的社會學研究——以野台歌仔戲的觀演關係為例》，國立清華大學社會學研究所碩士論文，2004 年 7 月。

8. 鄧雅丹：《《失聲畫眉》研究：鄉下酷兒的再現與閱讀政治》，國立清華大學中國文學系碩士論文，2005 年 7 月。

9. 葉玫汝：《臺灣外臺歌仔戲人物造形藝術研究》，國立臺北藝術藝術大學戲劇學系碩士論文，2007 年 2 月。

10. 林沿瑜《倚坐歌仔戲窗口思索舞台上顛鸞倒鳳的成因》，國立政治大學新聞研究所碩士論文，2007 年 7 月。

11. 陳崇民《臺灣歌仔戲女身男相之角色轉化——以府城秀琴歌劇團爲例》，國立台南大學戲劇創作與應用學系碩士論文，2008 年 6 月。

12. 李佩穎：《我們賴以生存的「戲」：試論歌仔戲圈的國家經驗》，國立清華大學社會學研究所碩士論文，2008 年 8 月。

四、期刊論文

1. 周慧玲：〈革命或反革命？晚清到民初舞台上的性別扮演〉，《表演藝術》第 48 期，1996 年 11 月，頁 40～46。

2. 周慧玲：〈中西現代劇場中的性別扮演與表演理論：兼論文化借用或挪用〉，《第三屆文學與宗教國際會議論文集：戲劇、歌劇與舞蹈中的女性特質與宗教意義》（新莊市：輔仁大學外語學院），1998 年 10 月，頁 59～76。

3. 林良哲：〈由落地掃到歌仔戲——日治時期歌仔戲發展過程初探〉，《宜蘭文獻雜誌》第 38 期，1999 年 3 月，頁 3～49。

4. 茅威濤、馮潔：〈關於女小生的性別、眼睛、悖論對話〉，《上海戲劇》，2000 年第 5 期，頁 16～18。

5. 周慧玲：〈寫實主義與疏離劇場的性別辯證〉，《聯合文學》第 191 期，2000 年 9 月，頁 80～88。

6. 鄒容：〈『女小生』是一朵『奇花』〉，《當代戲劇》，2000 年第 6 期，頁 44～45、56。

7. 李美枝：〈手足與朋友關係的內涵與功能：從猩種與人種的表現看演化的藍圖與文化的加工〉，《本土心理學研究》第 16 期，2001 年 12 月，頁 135～182。

8. 吳雅婷：〈宋代墓誌銘對朋友之倫的論述〉，《東吳歷史學報》第 11 期，2004 年 6 月，頁 271～301。

9. 王安祈：〈性別、表演、文本——京劇藝術研究的一個方向〉，《婦妍縱橫》第 72 期，2004 年 10 月，頁 1～8。

10. 陳文婷：〈既是英雄，也是美人—專訪歌仔戲小生唐美雲〉，《婦妍縱橫》第 72 期，2004 年 10 月，頁 40～49。

11. 張斐怡：〈女性表演者也留名青史—元代《青樓集》一書中所反映的歌妓生活〉，《婦妍縱橫》第 72 期，2004 年 10 月，頁 80～85。

12. 蔡祝青：〈雙性理想：論扮裝後的「郎才女貌」〉，《婦妍縱橫》第 72 期，2004 年 10 月，頁 31～39。

13. 劉慧芬：〈劇場乾坤變：談跨越性別的腳色扮演——以坤生爲例〉,《婦妍縱橫》第 72 期,2004 年 10 月,頁 9～15。

14. 鍾傳幸：〈一個坤生的自白〉,《婦妍縱橫》第 72 期,2004 年 10 月,頁 16～24。

15. 陳萬鼐：〈宋雜劇角色形象研究〉,《美育》第 150 期,2006 年 3 月,頁 84～90。

16. 胡斌：〈在水一方的美——關於越劇「女小生」的思考〉,《戲文》（浙江：浙江省藝術研究所）2006 年第 6 期,總第 154 期（2006 年 12 月）,頁 21～22。

17. 陳淑玲：〈『女小生』淺談〉,《當代戲劇》,2007 年第 2 期,頁 24～25。

18. 洪瓊芳：〈粉絲有賞——歌仔戲賞金文化〉,《傳藝》第 68 期（2007 年 2 月）,頁 52～55。

19. 潘洪鋼：〈清代的娼妓與政府的禁娼〉,《歷史月刊》第 262 期（2009 年 11 月）,頁 96～102。

20. 周慧玲：〈不只是表演：明星過程、性別越界與身體表演——從張國榮談起〉,《戲劇研究》第 3 期,2009 年 1 月,頁 217～248。

21. 林鶴宜：〈體系與視野：五十年來（1949～2002）臺灣學者對傳統戲曲學的建構〉,《戲劇研究》第 3 期,2009 年 1 月,頁 1～48。

五、影音及網路資料

1. 徐亞湘主編：《日治時期台灣報刊戲曲資料檢索光碟》（宜蘭縣五結鄉：傳統藝術中心）,2004 年 9 月。

2. 汪文學：〈論中國古代人倫中的朋友倫理〉,《江漢論壇》（2007 年 12 月）。

3. http://qkzz.net/magazine/1003-854X/2007/12/2263957.htm

4. 2008 年 8 月 28 日《聯合報》http://udn.com/NEWS/SOCIETY/SOC7/4493286.shtml。

5. 國藝會「好戲開鑼」部落格,〈武林傳說中的鈔票花大揭密〉,2007 年 1 月 20 日。http://www.wretch.cc/blog/twoproject/6553954。

6. 國藝會「好戲開鑼」部落格,〈春美聊賞金 2,3,事〉2007 年 4 月 2 日。http://www.wretch.cc/blog/twoproject/7411298。

六、田調訪問資料

受訪者	時間	地點	備註
A 小生	2008 年 1 月 19 日 15：00〜16：00	A 小生家客廳	J 小生和 B 三花陪筆者一起進行訪談。
B 小生	2008 年 1 月 26 日 16：30〜17：30	台北御書園	J 小生陪筆者一起進行訪談，而在受訪前，B 小生先跟兩位友人約在御書園談天，訪談進行到一半，B 小生喚來兩位友人一起受訪。
C 小生	2008 年 1 月 21 日 14：30〜16：30	高雄芳城市庭園餐廳	J 小生陪筆者一起進行訪談。
	2008 年 1 月 21 日 16：50〜16：55	J 小生車上	J 小生開車欲送 C 小生回去演戲的途中。
	2009 年 12 月 23 日 17：55〜19：00	高雄鳳山金礦咖啡	
D 小生	2009 年 12 月 22 日 18：48〜20：00	M 小生家客廳	J 小生、B 三花陪筆者一起進行訪談，在場者還有 M 小生跟她的媽媽。
E 小生	2008 年 1 月 23 日 凌晨 01：10〜02：20	J 小生家客廳	在場者還有 J 小生和 E 小生兩位朋友。
	2009 年 10 月 28 日 16：30〜18：30	台南異人館	E 小生受訪時，其友人小美陪侍在旁。
F 小生	2009 年 12 月 23 日 16：30〜17：15	高雄鳳山金礦咖啡	J 小生和 B 三花陪筆者一起進行訪談。
G 小生	2009 年 12 月 23 日 15：35〜16：30	高雄鳳山金礦咖啡	
H 小生	2009 年 12 月 25 日 15：18〜16：45	台南市文平路那堤咖啡	H 小生是 B 三花的堂姊，訪談時 B 三花也陪伴在旁，讓 H 小生可以比較安心地受訪。
I 小生	2008 年 1 月 26 日 18：00〜20：15	台北御書園	
J 小生	2008 年 1 月 18 日 13：00〜14：00	J 小生家客廳	
	2008 年 1 月 20 日 13：00〜14：05	J 小生家客廳	
	2008 年 1 月 21 日 14：00〜15：00	J 小生的車中	
	2008 年 4 月 5 日 14：00〜17：30	台南樂活 515 餐廳	
	2009 年 6 月 6 日 14：45〜16：45	J 小生家客廳	

	2009 年 10 月 13 日 18:00～20:00	台北市八德路四段 怡客咖啡	
	2009 年 10 月 28 日 22:30～23:05	E 小生臥室	
K 小生	2009 年 12 月 24 日 14：45～16：45	K 小生家客廳	K 小生受訪時，其行當爲小旦的妹妹也在旁，有時會補充幾句。訪談後半，N 小生和 B 三花也進屋參與討論。
L 小生	2008 年 2 月 26 日 16：35～18：20	台北內湖丹堤咖啡	
M 小生	2009 年 12 月 22 日 17：15～18：45	M 小生家客廳	J 小生、B 三花陪筆者一起進行訪談，在場者還有 M 小生的媽媽。
N 小生	2009 年 12 月 24 日 13：30～14：40	B 三花車上	B 三花開車送筆者前往屏東訪問 K 小生，圓圓伴隨同行。
O 小生	2009 年 12 月 22 日 14：00～15：45	台南市文平路 那堤咖啡	O 小生爲男小生。
P 小生	2009 年 12 月 23 日 14：30～15：30	鳳山體育館前的田園 義大利麵餐館	B 三花與 J 小生陪筆者一起進行訪談。
Q 小生	2009 年 10 月 29 日 凌晨 01：00～02：00	B 小旦臥室	Q 小生受訪時，她的女友 B 小旦陪在旁邊。
A 小旦	2008 年 1 月 20 日 凌晨 0：00～1：10	A 小旦家客廳	J 小生陪筆者一起進行訪談。
B 小旦	2009 年 10 月 29 日 凌晨 00：05～01：00	B 小旦家臥室	
A 三花	2008 年 1 月 23 日 14：10～15：15	A 三花家中客廳	
B 三花	2009 年 12 月 22 日 15：50～16：30	台南市文平路 那堤咖啡	
	2009 年 12 月 24 日 13：30～14：40	B 三花車上	
A 彩旦	2008 年 1 月 19 日 13：50～14：30	A 彩旦家客廳	J 小生和 B 三花陪筆者一起進行訪談。
B 彩旦	2008 年 1 月 21 日 17：40～18：35	B 彩旦家客廳	J 小生和 B 三花陪筆者一起進行訪談。

附錄一：受訪者資料

受訪者	出生年次	區域	演藝歷程
A 小生	1937 年	台南	出生在歌仔戲世家，13 歲做貼旦，15 歲做武旦，18 歲轉做小生，21 歲自己組班，是內台時期的名小生。
B 小生	1955 年	台北	19 歲開始學戲，20 歲從事電視歌仔戲的演出，是目前相當有名的小生。
C 小生	1962 年	高雄	出生在歌仔戲世家，16 歲學戲，17 歲演小旦，21 歲轉演小生，目前是家族劇團的當家小生。
D 小生	1963 年	台北台南	高中畢業至華視小明明旗下學戲，先後在肉聲班與錄音班演出，27 歲演小生，33 歲自己組錄音班當團長。
E 小生	1963 年	台南	出生在歌仔戲世家，11 歲學戲，22 歲曾拍攝電視歌仔戲，25 歲自己整班，是目前南部的名小生。
F 小生	1963 年	高雄	藝霞歌舞團倒數第二期的學員，因喜愛某歌仔戲小生而至其劇團客串演出彩旦、花旦，30 多歲才正式以演戲為職業，目前是外台歌仔戲的小生。
G 小生	1963 年	高雄	國中因仰慕某外台歌仔戲小生，畢業後便踏入歌仔戲舞台，先充任採花、武生等行當，後演小生至今。
H 小生	1964 年	高雄	出生於歌仔戲與音樂世家，13 歲開始遊戲性質學戲，15 歲正式演出彩旦，約 35 歲時因大姊過世而頂上來演小生。
I 小生	1969 年	台北	17 歲開始學戲，先演三花，後學小生，21 歲自己整班，目前是台北有名的外台小生。
J 小生	1971 年	台南	出生在歌仔戲世家，先演彩旦，後演小生。原本在自家劇團幫忙，後來自組劇團，並至「朋友」的劇團擔任副生角色。

K 小生	1972 年	屏東	6 歲登台演彩旦，國中時因姑姑戲班缺人而肄業正式演戲，主要行當為小旦，不過其他行當也得串演，28 歲姑姑過世後才變成當家小生。
L 小生	1977 年	台北	父母皆是歌仔戲藝人，國中時父母自己組劇團，假日會到劇團幫忙，高中畢業後正式學戲，先演四、五年的三花，26 歲後演小生。
M 小生	1978 年	台南	母親是內台時期的彩旦，國小、國中的寒暑假便跟隨母親四處演戲，國中畢業後正式演小旦，後改演小生至今，目前是外台錄音班年輕著名的小生。
N 小生	1979 年	雲林	出生於歌仔戲世家，13 歲時因欣賞某錄音班小生而跟同學跑去學戲，在錄音班學了七年的小生。
O 小生	1980 年	台南	出生於歌仔戲世家，15 歲國中肄業開始學武場，後來改學小生，18、19 歲加入某知名劇團至國家戲劇院演出，目前是自己家族的小生、老生男演員。
P 小生	1981 年	高雄	因奶奶、父母皆是戲班人，所以從小就在戲班走動，15 歲開始跑龍套，18 歲正式學戲，由三花、彩旦開始學，後改演小旦、武旦，20 歲開始演武生、小生。
Q 小生	1989 年	台南	出生於歌仔戲世家，國中寒暑假在當家小生母親的要求下開始跑龍套，高中肄業正式學戲，目前行當以三花、生行為主。
A 小旦	1960 年	台南	出生歌仔戲世家，13 歲進拱樂社學戲，17 歲回自家劇團擔任小旦。
B 小旦	1982 年	台南	16 歲開始學戲，未經幾年便擔綱演出當家小旦，累積十多部公演作品，有段時間曾反串演出小生，目前又恢復小旦行當。
A 三花	1954 年	台南	出生歌仔戲世家，父親自己組班，13 歲時父親結束內台戲班，開始在台中演外台戲，18 歲時因待在自家劇團，所以只要缺什麼行當就演什麼行當，24 歲結婚後曾有 5、6 年的時間不再演戲，31 歲在姊姊的班演小生，36 歲到台南妹妹的班則以三花行當為主。
B 三花	1971 年	台南	國三 15 歲時到伯父戲班學戲，學了五六年，覺得在戲班沒前途，約有三四年的時間便離開舞台另找工作，後來又回到戲班充任三花的行當。
A 彩旦	1947 年	台南	出生歌仔戲世家，9 歲開始學戲，一開始是學小旦，18 歲因跟別團到新加坡演出，劇團缺彩旦行當便改學彩旦，是早年相當有名的彩旦。
B 彩旦	1955 年	台南	祖父與祖母是歌仔戲藝人，從小跟在祖父母身邊，先在內台學戲，15 歲正式捧花旦並講戲，19 歲曾紅極一時，30 多歲因歌仔戲落沒而轉在電子琴工作，目前四處被調。

附錄二：G小生訪談稿節錄

時間：2009 年 12 月 23 日 15：35～16：30

地點：高雄鳳山金礦咖啡

G小生：我從國中就很喜歡歌仔戲，尤其是看小生，是看到某一個
劇團的小生好像很帥這樣子。

筆　者：那時是看外台的嗎？

G小生：是看外台的，那時候學生時代嘛，就蹺課去看歌仔戲，就是很仰慕
那個小生，好帥好帥喔。有一天心裡就想，如果我畢業了，因為我
也不太喜歡讀書，我喜歡站在這個舞台上，就是有一種明星夢，覺
得好好喔，舞台上受人家仰慕啦！有時候做戲把妳的情緒發洩啦，
在這個舞台上做什麼哭戲、喜劇，都會把我們的情緒帶上去。因為
我也是很重視舞台上，我們做戲就是要看台下觀眾嘛，觀眾如果越
多越好，越多我們就越有心在做，就是這樣子。畢業了我就下定決
心，我要學戲。我經歷過以前……像以前我們那種年代歌仔戲是比
較好，現在是比較落寞，學戲的女孩子，我也很倔強，很好強，就
是不要讓你們看不起，我就要學，學成功給你們看這樣子。

筆　者：所以妳剛開始學戲時，家裡是反對的嗎？

G小生：家裡沒反對，因為我那時候也是很叛逆，我要做什麼就一定要做什
麼，所以父母也沒有辦法。因為為父母心想如果妳學戲辛苦，妳就
會回來了。但是我是……以前是玩票性質啦，好玩而已啦，後來就

下定決心一定要學，學成功。我在□□□〔註1〕的嘛，以前在□□□
學戲的時候真的滿多學戲的女孩，有悲有苦，她們也都喜歡有角色
可以做，再來□□□有一些知名度了，所以我就跑各團去演。我們
學這個，經歷也是很辛苦，要摔要打要什麼的，有時候都會受傷。
我就一種幻想，明星夢，我想要做大角色，要學就要學好，不學就
算了，我一定要做到小生境界，就是讓人家會仰慕，就是小生很帥
啦什麼的，因為難免都會遇到一些女孩子啊，看到小生就喜歡上，
就會有一些糾紛爭執，<u>我們歌仔戲就是有同性的那一種，她會喜歡
上妳。但是我是沒有興趣這一種，我有孩子我有家庭</u>，就是這樣子
做，就是演到現在，也差不多二十幾年了。二十幾年了，其實我做
戲是興趣啦，就是現在已經做到小生的角色了，就是全心全力在舞
台上做到觀眾喜歡，就是觀眾可以喜歡妳這樣子。

（中間省略）

G 小生：對對對，這種事情每次遇到都是這種事。我覺得我沒遇到真的對我
　　　　很好，都是爭風吃醋，我都遇到這種女孩子。

筆　者：可是會爭風吃醋，應該也是她喜歡妳，所以才會有那些情緒產生。

G 小生：對，但是我會覺得我們是朋友，要互相相惜，互助互諒，但是她們
　　　　就是講不聽啊，我也會好好跟她們說啊，我好好跟她們說，她們應
　　　　該要了解，就要知道，結果她們不是這樣子啊。

筆　者：她要妳在意她啦。

G 小生：對，妳要在意我，我不要妳跟誰在一起。但是哪有可能啊？做一個
　　　　小生哪有可能說只有我們兩個人世界，外人都……就這樣子啊。

筆　者：所以那是妳幾歲時，因為這樣的問題去結婚的？

G 小生：二十七，因為<u>二十七歲以前我也是很叛逆，個性很壞，我個性很壞，
　　　　就是以玩票性質，會玩啊，我就跟妳玩啊（笑），如果妳……我就跟
　　　　妳玩啊，玩到妳真的信了，那我就躲避了</u>（笑）。

筆　者：這樣她們會很受傷吧，就情感投注了……

G 小生：對啊，我會把人家傷害到，但是……那時候比較年輕，就是喜歡玩，
　　　　會玩，所以到現在，有一個歲數了，感覺很累了。

〔註 1〕某知名歌仔戲劇團，為保護當事人和所屬劇團，故不公開其團名。以下皆同，
　　　　不再贅述。

（在那次訪談中G小生跟筆者坦承年輕的她很會「玩」，不是那麼認真在談感情，甚至曾動手打身邊的人，後來她結婚了，而她先生竟然不會介意她繼續跟女孩子交往。）

筆　　者：所以後來妳就乾脆結婚算了？但是結婚會覺得比較好嗎？

G小生：看有沒有找到好的對象，我先生也不錯，其實我先生不管我的，不管我交這種同性朋友，他不會管。

筆　　者：是喔！是不是男生的想法會覺得除非妳交別的男生……

G小生：因為我先生也很好，我也會跟我先生坦白，我回去會跟他說誰啊誰怎樣。

筆　　者：可是他會不會以為只是單方面的，妳不會有感覺，所以他就不用去煩惱……還是他真的覺得妳跟女孩子在一起，他也沒有關係？

G小生：沒有關係，有時候他還會勸我不要對人家這麼壞，因為他曾跟我到班裡去玩，去那邊走走，他偶爾也知道這種環境，他也是了解做戲的。但是我雖然這樣，但是我會把我的家庭照顧得很好。

筆　　者：可是妳先生這樣子真的很特別耶。

G小生：因為我不會把我的家庭放著，去跟別的女孩子閒聊，還是有的沒的，我會把家庭照顧得很好。所以我也是很幸運的，找到這麼好的好好先生，我先生不會管我還會奉勸我不要對人家那麼兇。（笑）

（G小生的先生是個很安分的人，他對G小生的包容真讓筆者感到驚奇，這是筆者未曾料到的世界，跟管P小生很嚴的先生成為強烈的對比，再次印證這是個大千世界，筆者所知果真只是冰山一隅。）

附錄三：J 小生口述生命史訪談稿節錄

時間：2008 年 4 月 5 日 14：00～17：30

地點：台南樂活 515 餐廳

　　我今年三十八歲，我出生的那一年我爸媽開始整班。聽說小時候生活很困難，因爲我是最小的，排第六的，我家總共有七個兄弟姊妹，我的記憶中，我們小時候是住在台南市的新町，那裡有很多的妓女戶，生活很困苦，就這樣子熬過來。我最有印象的是我六歲的時候，我就跟我大姊□□□、二姊□□□、三姊四姊去錄音團，那時候她們也都是十幾歲而已，就都在錄音團學做錄音的，學身段。（筆者問：五姊呢？）五姊沒有，就我跟她們去，因爲家裡小孩子多，我姊姊會幫忙帶妹妹。我記得那時候好像是六歲而已，（筆者問：虛歲嗎？）對，虛的六歲而已，就跟她們去錄音團，我就很有興趣，她們在比，我會跟她們在旁邊比。我六歲她們就會幫我妝妝ㄟ，讓我出去作老旦，然後那個椅子很高，我坐不到，小生就把我抱到椅子上，那時候我就有種榮譽感，因爲很多小孩子就會看我化妝啊，我就感覺非常高興（J 小生邊說邊笑），小時候就有那種感覺。

　　六歲做到七歲，要讀書了，才帶回來。帶回來那時我們就搬家了，搬到永華路，都是租屋，那時生活都不太好，都是租屋。那時我五姊□□□，和我弟弟，跟我，差不多都要讀書了，就跟我阿嬤住，我阿嬤是原住民，是阿美族的，那時她眼睛不好，照顧我們三個小孩子，身體也不好，身體都有長癬，毛病很多，我媽媽他們做戲時就出去了，就放我阿嬤跟我們生活。我記得有一年我阿嬤生病，回去台東，那年正好是我小學要入學的時候，東西媽媽都買好了，結果我阿嬤回去台東。要入學那天，睡醒很緊張，我姊姊就幫

我穿衣服，穿好衣服走到門口時，才想到我要怎麼去學校啊？那時我是讀新興國小，永華路去新興國小很遠，囝仔不知道路，然後我就去隔壁看看有沒有人要入學，結果隔壁有個鄰居剛好也要入學，有認識，我就去跟他媽媽說：「嬸嬸，嬸嬸，你家鳳茗是不是今天要入學？」她說對啊，我就說：「我媽媽今天不在家，妳可不可以順便帶我去？」她就說：「妳怎麼那麼可憐，妳要入學沒人帶妳去？」結果他們就騎摩托車，還是腳踏車？我忘記了，反正我就跟在他們後面一直走一直走。

到了學校之後，他們就幫我找我的名字，找一找之後跟我說：「這間是妳的教室！要回去妳知道路回去嗎？」我說我知道，然後我就自己進去我的教室。老師點名時問我的爸爸媽媽呢，我說他們沒有來。（筆者問：妳姊姊不是跟妳讀同一個學校？）不同，我姊姊讀西南國小，因為最早沒有在分區域，到我讀書時就要分區域了，比如說我住在永華路我就得到某某區。下課後，我就跑去找我鄰居的孩子，我說：「妳媽媽會不會來載你？」他說會，我說：「那我要跟你們回家。」我就跟他們回家，從那時候開始，每天上學我就是自己走，那時候永華路還有很多塭仔路（筆者問：什麼是塭仔路？）就是很小的路，類似田間小路，旁邊都養塭仔，養魚塭仔。小時候不知道害怕，就傻傻地走，現在長大回想起來覺得很危險，小時候很克難也很獨立。上下學就一直持續這樣，一直到我阿嬤身體好轉。

我每天去讀書都很自立更生，我媽媽都會交代說：「你們如果要吃飯，到永華路的麵攤那兒吃，我們回來再去跟他們算錢。」我們三個小孩子都是這樣生活。之後我弟弟要讀書，要入小學一年級時，我就帶他去入學，去報名、去報到等等。我比他大兩歲，我們讀同一間學校，那時候我阿嬤已經跟我們一起生活了。我阿嬤回來時身體不好，就變成一方面她照顧我們，一方面又好像我們跟她作伴。她就教我煮菜，我八歲時就會煮飯，就會拿椅子墊腳，她就教我怎麼煮，我小時候就很獨立，就會自己做這些工作，不然就是下課後就跑到市場去買菜，就跟人家問說這是什麼菜，這要怎麼煮？人家就會教我，教完我回來就這樣煮，小時候的生活就是這樣子。

到五年級，那陣子我們都有出陣頭，我爸媽除了做歌仔戲，還有兼差做陣頭，比如說五子哭墓，或是七仙女，還是翻跟斗，我們小時候就會了，都是我爸爸教的，不過我爸爸不是行家，他只是看別人做，回來就刁我們，每天下課就要我們去「擋壁」（倒立），不然就是學凹腰。他看別人怎麼翻，回

來就要我們怎麼翻。（筆者問：那時候不是沒有跟父母住在一起嗎？）對對對，他們久久回來一次，休息在家時就教我們這些東西，那時候我心裡都覺得很煩，因為「擋壁」孩子怕艱苦啊，不過也都是這樣練，所以我們小時候就都會翻，就會跟他們出去出陣頭，比如說剛好是星期六日有休息，就會七早八早四五點就跟著出陣頭。我有一次印象最深刻的就是去龍發堂，那時候我們還很小，去龍發堂扮七仙女，那時候是小孩子不會化妝，就裝得很醜，穿禮服，跟陣頭走，沒什麼表演，我自己都覺得自己也很像瘋子。還記得做五子哭墓，五子哭墓就是要五個人，我一定都會插一個角色，因為我八九歲時就很會唱歌，我就很會唱七字仔、都馬調、觀音得道，觀音得道就是現在的望月詞。我很會唱這幾首，所以出去做五子哭墓，我一定湊一角，一個接一個唱，輪到最後就是我，人家若看是小孩子唱，紅包就會給我，我就很高興，我就覺得這個工作很好，就有興趣，就覺得人家都會給予掌聲，就很高興。（J小生邊講邊笑）我姊姊就不要，我那個四姊、五姊就不要，除了我大姊、二姊、三姊，我四姊、五姊就沒有興趣。

還有最有印象的就是……也是去做五子哭墓，棺材還沒抬出去，哭一哭都要哭到棺材旁，小孩子會怕啊，大人就教我：妳不用怕，妳若走到棺材旁，妳就趴在那兒哭，眼淚流越多，紅包就越多。小時候就想要賺錢，就在那兒哭，人家就會給我紅包，從此以後就克服，不會怕，想說就是賺錢，不用怕。那時我好像只有九歲、十歲、十一歲，就都做這個，還有猴子，就跟我姊姊，在熱鬧陣做猴子，翻翻翻，翻整條路，很辛苦，不過小時候就覺得好玩，賺錢嘛。

我十三歲時，大約是五年級下學期、六年級上學期，我阿嬤往生了，我小時候就很孝順，她往生後那個地方我們不敢住，我跟我媽媽還有我爸爸說：「你們如果出去做歌仔戲，阿嬤又不在了，只剩下我、五姊，還有小弟，我會怕。」我爸爸聽到我說會害怕，就帶我們搬家了。

在搬家之前也發生很多事情，就是我爸爸他們不在家，只剩下我們三個小孩子，還有我阿嬤，不過我阿嬤身體不好，常常回去台東，所以常常就只有我們三個小孩子在家。我爸爸有一個好朋友，他喝醉了跑到我家二樓，我下課回家看到男人的皮鞋，就覺得很奇怪，想說家裡沒人怎麼會有男人的皮鞋？就覺得害怕，我五姊笨笨的，她很像是我妹妹。我五姊跟我弟弟一個就在廁所裡，一個在廁所外面敲門玩，我跟他們說有人在我們家樓上，他們就

跑出來說不知道，我就要他們趕快跑，怕是壞人在樓上。我要他們快跑，他們真的就跑了，結果我就躡手躡腳爬到二樓，看到一個男人在我們的房間裡，他背對著我，面向我們的床鋪，我不知道他在做什麼，就問他：你在做什麼？他聽到聲音就回頭，他回頭我就知道他是誰，我知道他是我爸爸的朋友叫馬沙，他以前是文平樂師。他喝醉了就跑到我家，他回頭後我發現他沒穿褲子，他把他的皮帶解開，讓褲子滑落，我那時不知道那些事，也沒注意看他的下體，也不知道他在做什麼，只是覺得害怕，後來我就故做鎮靜，我就走到窗戶旁，不敢看他，我跟他說：「我爸爸他們不在家，你快回去。」我要他趕快回去，說完，我就轉頭跑下樓。小時候笨笨的，不知道如果他把我抓住，把我強暴，我就完了。我就跑到隔壁房東家，房東家有一個老爺爺和老阿嬤都很疼我，我就跑超快地跑到他家要找老爺爺，結果老爺爺不在家，我就跟老阿嬤說：「我家有個男人，是我爸爸的朋友，他在我們家房間脫褲子。」房東家的工廠有很多男人，就拿長棍、鐵棍，一群人就衝到我家，可是馬沙騎摩托車走了。我爸爸回來後，老爺爺就把這件事說給他聽，我爸爸就很生氣，要找那個人來評理，看是要洗門風，還是……說到後來我爸爸想說是好朋友，就息事寧人。在那間房子發生過這件事，我就對那個人有種恐懼。

在那間房間，還有一次比較嚴重的是，那是我媽媽的小弟，不過不是我的親舅舅，那時候他好像是沒工作，來我們家住。有一天家裡都沒人，只剩下我舅舅跟我阿嬤，我阿嬤煮完飯後就說：「□□、□□，妳去樓上叫舅舅下來吃飯。」那時我好像是九歲還是十歲，我就說好，說完就到樓上，跟舅舅說：「舅舅、舅舅，阿嬤叫你下來吃飯。」那時他矇在被裡，喝醉了，整個臉都是紅的，但是我不懂他臉紅就是喝醉了。他跟我招手，叫我到他旁邊，我就跑到他旁邊，他就掀開被子，把他的東西（生殖器）讓我看，跟我說：「妳知道這是什麼嗎？」我那時會害怕不敢說，我跟他搖頭，他就跟我說這叫做什麼，他還跟我說這是什麼。我一直靜默不回答他，他就說：「舅舅的給妳看，妳的怎麼不給我看？」我嚇到就說：「阿嬤叫你下來吃飯！」然後就衝下樓，跟我阿嬤說這件事，我阿嬤就要我不可以跟我爸爸說，不然我爸爸會打死我舅舅。我就不敢說了，不過這件事讓我到現在看到我舅舅的臉……會叫他一下，不過我們的目光就不會有交集，因為彼此……所以每次我姊姊他們要回家掃墓，要拜我阿嬤的時候，我姊姊都知道，她們就會問我一下，我就說我不要回去，因為到那兒得過夜，我不自在，我跟她們說這件事對我而言很嚴

重，我被嚇壞了。這件事我一直都沒說出來，一直到我阿嬤往生了，我們都長大了，我才說給我姊姊聽，我爸媽他們也都不知道……ㄟ，我媽媽好像知道，不過我媽媽也是說不要講，怕我舅舅被我爸爸打。我媽媽跟我舅舅不是親手足，他是我阿嬤分（認養）來的。

　　我阿嬤往生後，我們就搬到鳳山，那時我們的劇團戲路很好，在台南市就已經有名氣了，□□□歌劇團。後來就是因為我爸爸想說小孩子會害怕，所以就打算把劇團遷至高雄發展，我們就搬到鳳山住，那時□□□跟明華園是最好的兩個劇團，明華園那時是陳勝在和陳昭香當主角，我們兩個團很競爭，反正就是有他們就有我們，有我們就有他們，他們很強我們也很強，我們的強強在我們女人很多，我姊姊他們那時都正當年輕，所以兩團是非常競爭的，人家都說不是□□□就是明華園。那時我們賺很多錢，可是賺很多錢後，我爸爸就開始包養女人，有錢就耍花樣，就開始交女人，交女人家庭就開始亂了，家庭亂時我姊姊她們每個人的感情也都很坎坷，都很混亂，都不是很正常。我印象最深的就是在鳳山時我本來可以繼續讀書，我六年級搬到鳳山的，在五年級之前我的功課都很好，我是一個很好的學生，可是我一轉到鳳山，是朝風國小，老師是外省人，他說的話我聽不懂，不習慣，他說什麼我都聽不懂，又不敢問，我的功課就退步了。退步後就會自卑，自卑老師就會罵，我被罵就不太想去讀書了，（J小生說到這又笑了）因為本來功課很好，突然變成這樣子就感到很沒面子。在台南我都是當班長、副班長，來到鳳山好像變成俗仔，心裡就很受傷，就不太想讀書。那時正要讀下學期，我不太想讀書，我爸爸就拉我出去做戲，因為我們休息時就會出去做旗軍仔，那時我就會做三八老旦，做三八仔（彩旦），做三手小旦，那時我十三歲，就很多項都會做，就很多人跟我爸爸說：「阿列仔你好命了，你這個女兒就讓你吃不完了，乾脆不要讓她讀書了。」結果我爸爸就真的不要讓我讀書了，所以我六年級就讀到下半學期，差幾個月就能領畢業證書就沒讀了。老師就打電話到我家，跟我爸爸說：「她快要畢業了，你讓她把它讀完，領到畢業證書，不讀再不讀。」以前的老師是很好的，都會這樣說，可是我爸爸就不要，他說：「女孩子不用讀這麼多書。」我就叫我姊姊去替我說話，可是我姊姊她們沒人要理我，她們說爸爸說他爸爸都沒栽培他了，他不用栽培到我這兒來。有句話讓我印象很深刻，他說日後自己賺錢自己栽培自己。

　　就這樣我沒有繼續讀書了，那時候開始我就跟著劇團出去奔波，並且還

兼差，我很愛賺錢。那時做什麼事都是自己來，家裡又正亂，我就自己出陣頭，出去做孝女，自己團有戲就回來自己的團做歌仔戲，不過賺的錢不是都是我自己的，我都很假裝乖巧，我都會把一些錢給我爸爸，一些給我媽媽，一些我自己留下來當生活費。那陣子我家正在賺錢，我爸爸交女人嘛，跟我媽媽正在吵架正亂時，我媽媽有一段日子就跑到日本，我爸爸就到他女人那兒，我大姊是交男朋友也跑到外面，二姊是交朋友，算同性的朋友，也是住在朋友家，三姊也是交男友，溜溜去（跟著男友跑的意思），我家剩下四姊、五姊、我跟小弟。那時我弟還很小，還在讀書，那時我們四人在家，就屬我賺最多錢，所以我就開始分攤家計，我賺錢回來，要負責買菜、煮飯、拜拜……變成我家都是我在負責任，這個工作我好像連續做了好多年，後來姊妹都回來了，她們的婚姻都不好，讓我覺得最討厭的就是我姊姊她們都交男朋友，她們的男朋友都不好，有時候就會吵架、打架什麼的，我姊姊就會回家哭。還有交男朋友交一交就大肚子，有孩子，就在家裡哭，不知道要生好，還是拿掉好。幾乎我眼睛看到的狀況，有三個姊姊有這個狀況，在那兒掙扎不知道要怎麼辦，所以就讓我覺得交男朋友要生孩子，在哪兒猶豫要不要拿掉小孩，還有我姊姊又嫁人，丈夫又都會打她們，從那時開始我就跟自己說，那我不要嫁人了，我也不要交男朋友。

從那段日子開始，家裡就一直很亂，亂到我十七歲時，我忍不住了，我就想說我出去外面唱歌好了，因為這段日子我都會讓錄音團的調，也會到賣藥團去幫忙賣藥，就有歌仔戲去做歌仔戲，沒歌仔戲就去賣藥團，我很會鑽，有什麼地方可以賺錢的，我就會鑽。到賣藥團賣藥就當歌手，唱歌、跳舞。以前有一團很有名，諸葛亮、高敏，還有林芮芳，他們以前都是從那個團出來，我就跟那個團去四處巡演，去表演就對了，比方說他們包戲園啦、包歌廳啦，我就跟他們出去表演。那時候就外面奔波生活，不過都有賺錢，賺錢也會拿回家顧小弟，就這樣。（筆者問：都是虛歲嗎？）都虛歲。就跟賣藥團走，不過我很乖，都沒有變壞。賣藥團一賣完藥，整群人就賭博，不然就是喝酒，是沒有吸毒的。那時我才十幾歲，大家都覺得我是妹妹，我都很乖，任勞任怨，做我分內的事，休息時……比如說如果去比較遠的戲園，我們就睡在戲園，我們沒有像現在有飯店可以睡，因為我們是小牌的歌星，小牌歌星都是排在前面唱歌。我記得有次我唱歌，裡面有個女孩子偷換我的歌，因為她想要唱我的歌，她想說我會唱別首，結果她就偷換我的歌，我不知道，

我跟主持人說我要唱什麼，主持就人介紹我出場，那時我才十七歲，還沒有很多好的經驗，感覺就比較卑微，不是大牌的，是小牌歌手。結果我出場後樂師不幫我奏樂，十幾個樂師在舞台下，其中一個站起來罵我，用三字經罵我，那時我覺得很奇怪，不懂爲什麼主持人介紹完我要唱的歌，樂師爲何還不奏樂？後來聽他罵我，我才知道他不高興我換曲子沒先告知，我就很錯愕，在台上都快哭了，司儀就趕快說抱歉，說我換歌要跟人家講，司儀就圓場，跟觀眾說我是新歌手等等。那時我很糗，唱完下來一直哭，很想把偷換我歌曲的女孩揍扁，但是我那時太小，很悶，好像有憂鬱症般，就是很悶，又不會跟人計較，不會跟人家說，就一直忍忍忍，生活就是這樣混亂，家裡劇團有戲就回來做歌仔戲，沒戲就繼續那種混亂的生活。

　　（筆者問：那時住哪裡啊？）那時就去到哪裡睡哪裡，我都會自己帶被子，都是去到哪睡哪，都睡在戲園的後面。戲園不是都很陰嗎，像以前彰化鄉下的戲園，或是其他戲園也都很陰，我們都睡在舞台後面。我自己遇到最恐怖的一次就是其他人走動都沒事，輪到我走動時，我覺得有人從我的腳拉住，我的一隻腳就陷入木板裡，就很像有人拉我，我的一隻腳就掉到裡面，我就跌倒趴在那兒，大家就嚇一跳，回頭牽我，問我怎麼了，我不敢哭也不敢說，自己還覺得不好意思，爬起來後就覺得眞有人拉我的腳。隔天天亮後我發現我的腳有五個黑青的指印，團裡年紀比較大的人就說那是有壞東西在拉後腿，要我要注意，得去拜拜，我就跑去拜拜。這樣的生活就……（筆者問：那是演戲的吧？）唱歌唱歌，（筆者：唱歌也在戲園？）對啊，那時候就像是在跟歌廳啊，那歌廳有在做新劇，有在做牛肉場，有在脫，我們是前面小牌的歌手，以前那個劉佳蓉、藍依萍、什麼豬哥舅仔，一些台語的明星都有在跟這個團，他們是大牌的。後面就演劇、唱歌，還有做牛肉場，就有分節目，四處去巡演，我就跟著四處去巡演，海報都打：豬哥亮大公演，結果觀眾進來看發現不是豬哥亮是豬哥舅仔，看完出去就在戲園門口鬧動，就罵，說要退票。我就覺得做這行也很累，那時我去唱歌，跟他們去巡演，一個晚上才七百元。（筆者：七百？那時七百應該算很多了吧？）對，那時七百算很多，但是……老闆很疼我，給我七百。

　　有一年我媽媽不在，她去了日本，那時我弟弟放寒假，我想他自己一個人在家沒人照顧，我就帶他跟我去賣藥團四處跑。那時年幼沒錢，不敢開口跟老闆領薪水，會不好意思，那時沒錢，弟弟又正在發育中很會吃，我就把

我身上僅有的零錢都拿給我弟，讓他去吃東西，自己的肚子快餓扁了，晚上要開場時肚子咕咕叫。就有一個開仔腳，開仔腳就是打雜的，他讓我很感動，如果有機會再遇到他，我一定要報答他。他問我：妹仔，妹仔……因為人多他不知道我的名字。他問我：你有吃飯嗎？我遲疑地回說：我不會餓啦。他說：妳不會餓喔？走走，哥哥要去自助餐吃飯，我帶妳去吃。我是一個很羞澀的人，那時我跟他說：喔，謝謝。就真的跟他去，因為肚子真的很餓。他點了一堆菜，叫了一碗飯給我，我菜都不敢夾，因為我不好意思吃，就一直吃飯，但是吃飯時眼淚就一直掉，他說：妳在哭什麼？我是因為感動而哭，心裡想說自己怎麼怕成這個樣子？家庭不美滿，爸爸賺了錢就交女人，媽媽又不在家，自己得照顧弟弟，姊姊都只顧自己，交了男/女朋友就跟男/女朋友走，都沒想到弟弟妹妹，反而是一個外人這樣幫自己，我心裡就有很多感慨與感動，我就跟自己說我一定要認真賺錢，賺很多錢，給自己也好，也能幫助人，我就一直有這樣的想法。

後來回家做歌仔戲，那時我媽媽回來了，（筆者問：幾歲？）好像是……都是那個時期，媽媽出去一陣子而已，後來就回來。但是我發現我爸爸並沒有改變，因為出去演戲時，我媽媽都在後台喝酒，我爸爸又把他的女人帶到文平（文場演奏的地方）那兒，那是他在拉絃的地方，那個女人就坐在那兒，我媽媽心情一定會鬱悶啊。我爸爸這樣明目張膽，我媽媽心情鬱悶就會邊演戲邊喝酒，喝了酒就會跟我爸爸吵架，甚至在後台會打架。我媽媽喝酒，心情又不好；我二姊負責團務，她就罵我媽媽，罵說：妳在演什麼？怎樣怎樣……我媽媽就回說：不好意思，就說錯了，忘記就說錯了。二姊：說錯了就算了嗎？！我姊姊這樣罵我媽，我心裡想說媽媽心情不好，她喝醉了，一定會說錯，妳為什麼要那麼兇她？我姊姊負責團務就比較一板一眼，她就照罵。我跟我姊說：媽媽是不小心說錯的，不用那麼兇吧？她就回我說：有妳的事情嗎？要妳管嗎？妳以後管好妳自己就行，妳以後自己孝順就行。我跟她說：會，我一定會很孝順，以後妳如果自己生小孩妳就知道……我姊姊就回我說：我以後不要生勒。我說：怕妳要生也生不出來。我很生氣，我就跟自己說……我遇到很多事情，都會跟自己說：我以後一定不要生小孩！我生小孩讓她們來忤逆我？我一定不要生小孩。（筆者問：妳媽媽是演小生嗎？）我媽媽什麼都演，小生……（筆者問：那妳二姊呢？）她也是演小生，她一開始在錄音班是演小旦，回來自己劇團就演小生。（筆者問：當家小生是妳二姊？）當家的是我二姊，又是她在負

責團務，她就很固執很驕傲很兇。那時候我很生氣，劇團裡面也有很多問題，我媽媽很可憐很辛苦，她既要搭戲棚，那時我家有六個戲棚，做戲時就要自己搭戲棚。（筆者問：六個戲棚？！）六個戲棚，那時我爸爸都說這六個戲棚以後要做你們的嫁妝，每人一個。那時還是小孩子就很三八，會說這是我的嫁妝，不能動到它。我媽媽既要搭戲棚，又要煮飯，又要安景，又要演歌仔戲，又得忍受自己的丈夫這樣無情的對待，又要忍受小孩子……我媽媽脾氣好，她很疼小孩子，不會罵小孩子，都是小孩子在對她大小聲。那時候我就覺得我媽媽很可憐，所以很多事情我會幫忙做，因此我在我家要做很多事情就是這樣來的。我都會跟我媽說：媽妳要做什麼我幫妳。所以我在學戲會比較快就是這個原因，因為什麼都做，我學戲就學得很快。

　　我家情形一直沒有改善，就是這樣亂，我就覺得自己在劇團演沒有意義，沒有發展，於是我就跟我四姊說：我想要到外面唱歌。（筆者問：那時妳幾歲？）也是十七歲那年。家裡亂的這段時間，就是我十五六歲這段時期，十七歲那年我就這樣跟我姊姊說，我姊姊說：好啊，看妳自己怎樣選擇。我姊姊她們是一個個都蹺家，從老大到老五都蹺家，後來又一個個回家，然後又一個個蹺出去，再又一個個回來……就一直重蹈覆轍，反覆這些行為，我爸爸也管不住。（筆者問：那她們會回來演？）沒有，沒有回來演，我爸爸自己都霧煞煞（很混亂的意思），難怪這些小孩子他管不住。我媽媽就一直勸小孩子回來，跟她們說：你們夫妻常常這樣吵架，或是交男朋友、朋友，女性朋友的……我就跟自己說自己在這個家庭好像沒有什麼意思，我就跟我姊姊說我想出去發展自己的事業，因為我一直忍耐也是沒有意義。我印象最深的就是……煞戲不是要整理東西嗎？我就整理好東西，回到家時，我在落籠（把戲籠、道具等東西搬下貨車），我跟一個司機兩個人在那邊扛籠子，下大雨，我媽媽也在幫忙，我跟我媽媽說：媽媽妳進去，我跟司機來就好了。我媽媽就進去了，那時我姊姊們拿著雨傘要出門，我問說：妳們要去哪裡？她們說她們要去吃點心。那時下大雨，我在扛戲籠，她們怎麼這麼無情，整群要去吃點心，讓我一個人在這邊扛這些……但是我還是忍下來，跟我大姊說：大姊妳回來時幫我包個乾麵。她說好，就一群人出去吃火鍋了。我淋了一身雨，洗完澡在等她們，等到七晚八晚，她們回來了，卻沒有幫我帶乾麵回來。我姊姊說：麵攤關門了，所以沒幫妳包回來。那種辛酸，又餓，我就跑進去哭。我在家不快樂，在我十七歲之前我的印象中，我的人生是黑白的。

在我十七歲住在鳳山時，我爸爸的哥哥，三伯父，住在我家，他非常變態，他看不起我媽媽，他也不疼我們這些小孩子，那時候他看到我們就說：來。我們不懂，乖乖走過去，他就從我們的頭敲下去，虐待我們，那時我們就會怕他。那時我家正在亂，他不時就會搗碎玻璃，說要對我們的眼睛灑碎玻璃，讓我們瞎眼，他會把碎玻璃包成一包一包的，非常變態。他會說：生妳們這麼多小孩要做什麼？妳們又不孝順，妳爸爸多拖磨而已，妳們要吃飯時，我要用老鼠藥毒死妳們。恐嚇我們，所以他煮的東西我們都不敢吃，他是真的很變態，三更半夜還會磨刀子。我們小時候真的生長在很恐怖的世界裡，又加上我家正在亂，又有一個堂哥，我大伯的兒子也住在我家。最好笑的是有一天我姊姊有個結拜的姊姊叫阿月，她天天（有點傻氣的意思，）她到我家，說要睡在我家。那天我要她到我房間睡，我自己去三樓睡，她很高興，因為以前我都不讓人家在我房間睡。結果三更半夜時我堂哥去壓她（欺侮），要強暴她，一直親她，阿月就打他，問他在做什麼，我堂哥就說：怎麼會是妳？這件事我都不知道，隔天阿月姊才跟我說：我會被妳害死，妳知道嗎，妳堂哥昨晚到妳房間一直親我，看到我說：怎麼會是妳。她就一直罵，我被嚇到，想說怎麼會這樣。我遇到好幾次這種變態，而且都是自己的人，就會一直畏懼，又看我姊姊嫁人，被丈夫打得鼻青臉腫，我四姊、五姊都是這樣，血流得滿身都是，我就跟自己說：那嫁的是什麼？男人都是這樣嗎？我就跟自己說我不要交男朋友了，因為我怕生小孩，怕生了小孩子不孝順……那時就沒有這種慾望了，然後我就離家出走了。

我離家出走時還非常性格，我東西整理好，跟我爸媽說：爸、媽，我要出去了。他們兩個覺得莫名其妙，不知道我在做什麼。很戲劇性，我說：你們自己保重。然後我就出來了。我先搭火車到臺北，在台北火車站附近找一間旅社，我就去住旅社，那時我十七歲。旅社的老闆娘就問我：查某囝仔妳怎會……我跟她說我來臺北找工作。老闆娘說：要找什麼工作？現在工作很難找。還是妳就住在我們的旅社，客人來時妳就……那很好賺。她竟然鼓舞我做應召女郎，因為我雖然只有十七歲，但看起來像二十幾歲很成熟，我比較老氣，因為有在出入社會，比較會裝扮，所以我十七歲時看起來就像二十幾歲。那一晚我嚇到，不敢在那兒睡，我很聰明，怕她從門房外把我鎖起來，有客人來就開門讓他進來。我怕會變成這樣，所以跟她講完話，我就整理好東西偷偷逃走，我房錢已經付了，但不敢住那間旅社。後來我跑到另外一間

飯店住，我好不容易才存到兩萬多，想做爲那段時間的生活費，但我四處找工作都沒著落，我不想找那種阿妹的工作，就去臺北一間新加坡大舞廳應徵駐唱，因爲我對唱歌很有興趣。舞廳的經理跟我說：妳要應徵駐唱喔？不過我們的駐唱都已經有固定的人了。他就鼓舞我去當舞小姐，我就跟他說：你不是說我的年紀還沒滿？他說：沒關係啊，妳就先練舞，有時間就來上班，我幫妳找一間宿舍讓妳住……我笨笨地就跟他說：不然我晚一點決定要時再進來。我答應他了，不過我還是落跑。（J小生邊說邊笑）不落跑要怎辦？不過也沒地方去，也找不到工作，然後又不想當餐廳的阿妹。一禮拜後錢花得差不多了，我就坐火車回到鳳山，不敢回家，就跑到我一個結拜的哥哥家裡。那個更慘，那天我去他家，隔天他要去當兵，他人很好，是由朋友認爲哥哥的，他安排我住他姊姊的房間，隔天早上他去當兵，那時我還在床上睡覺，因爲住別人家裡，所以我也不好意思鎖門，結果他媽媽開門進來，拉起蓋在我身上的棉被開始折疊，我整個人被她的動作嚇醒。她說：我跟妳說，我家宏仔不在了，我這兒不能給妳住，妳東西整理好趕快給我出去！我羞愧極了，我就爬起來跟她道歉，她可能把我當作不良少女吧，我就整理行李離開，但不知該去哪兒，我就打電話給我姊姊。其實我有朋友，但是不敢去找朋友，怕朋友會洩漏我的行蹤，我會被抓回去。我打電話給我大姊，她說：妳到底跑去哪兒？我大姊那時已經結婚住在台南，沒有演歌仔戲了。我跟她說我的情形，說我現在找不到住的地方。她就要我去住她家，再想想要做什麼工作。我就再坐車到台南，住她那兒。

第一天住大姊家，我就出去找工作，因爲以前我在唱歌，有禮服跟一些行當，這些我都有帶出來，兩大包行李都是唱歌的行當。第一天我就跟我姊姊借機車出去找工作，我先找到一間阿妹的工作，回家時剛好遇到我姊夫的一個朋友，他小弟的太太是歌手，那晚他到我姊夫家喝茶，姊夫就介紹我讓他認識，並且跟他說我會唱歌，也正在找工作，若有唱歌的工作請幫忙介紹。他就看了看我說好，然後就回去了。晚一些時候他就打電話來，說晚上在西門路有一場，可以讓我去代場。我非常高興，但是又想到我今晚要開始工作了，不知該如何選擇，但馬上我就決定要去替人代場唱歌，因爲我不想當阿妹。

那天我不曉得我爲什麼一唱就造成轟動，一開口唱之後，現場樂師紛紛問我從哪裡來的，我說我從高雄來的，他們就要跟我要名片，我哪有名片可

以給人？就抄我大姊家的電話給人，那時連 BBcall 都還沒有。從那場開始，我的行情就很好，很多人爭相請我去唱，我就唱晚會、夜總會，也去酒店當歌手，十七歲這年我就先買了一台機車，那時才唱了一禮拜而已。每個月我都賺很多錢，因為我從早上五點就接電子花車的歌手工作，一直唱到下午五點，回家後又騎機車去晚會唱歌，唱到十一、二點，又到餐廳唱歌，唱到三點多才回家睡一下，隔天若有電子花車的工作，就又騎車出去唱，就每天這樣賺錢，所以到十八歲時我就買車、買房子了。不過我買車、買房子都不能用我的名字，都用我姊姊的名字。

附錄四：現存最早戲曲劇本之一——文人愛上戲子的戲碼《宦門子弟錯立身》

　　祖父爲當朝宰執、父親爲河南同知的宦門子弟完顏壽馬，是「累代簪纓之裔」，擁有令人稱羨的官宦背景，這樣的一位官家文人，自認爲「一生豪放，半世疏狂。翰苑文章，萬斛珠璣停腕下；詞林風月，一叢花錦聚胸中。神儀似霽月清風，雅貌如碧梧翠竹。拈花摘草，風流不讓柳耆卿；詠月嘲風，文賦敢欺杜陵老。」〔註2〕卻因爲看了旦行王金榜的表演，再不眷戀翰苑文章、詞林風月，一心只記掛著那美麗小旦與戲曲藝術。

> 　前日有東平散樂王金榜，來這里做場。看了這婦人，有如三十三天
> 　天上女，七十二洞洞中仙。有沉魚落雁之容，閉月羞花之貌。鵲飛
> 　頂上，尤如仙子下瑤池；兔走身邊，不若姮娥離月殿。〔註3〕

完顏壽馬愛上王金榜，也愛上她所表演的藝術，兩人瞞著同知相戀。相聚時，完顏壽馬便要金榜教他敷演戲文。

> 　（生）閒話且休提，你把這時行的傳奇，（旦白）看掌記。（生連唱）
> 　你從頭與我再溫習。（旦白）你直待要唱曲，相公知道，不是要處。
> 　（生）不妨，你帶得掌記來，敷演一番。〔註4〕

〔註2〕　錢南揚校注：《永樂大典戲文三種校注》，（台北市：華正書局有限公司），1985
　　　　年3月，頁221。

〔註3〕　錢南揚校注：《永樂大典戲文三種校注》，（台北市：華正書局有限公司），1985
　　　　年3月，頁231。

〔註4〕　錢南揚校注：《永樂大典戲文三種校注》，（台北市：華正書局有限公司），1985
　　　　年3月，頁231。

金榜擔憂情人只顧著唱曲、演戲，忽略經史詩詞，若被其父同知知曉，肯定會出事，但迷戀戲曲表演的完顏壽馬無法顧慮那麼多，他只想把握機會好好跟金榜一起敷演戲文，結果兩人私會唱曲做戲之事被同知撞見，同知大為震怒，立令王金榜與家人當夜離開河南府，並將兒子完顏壽馬鎖於房中。

完顏壽馬在奴僕的協助下逃離府宅，實現先前他對金榜的承諾，寧願同金榜當個「路岐」（即藝人）抹土塗灰，衝州撞府討生活。

【六么序】一意隨它去，情願為路岐。管甚麼抹土搽灰，折莫擂鼓吹笛，點拗收拾。更溫習幾本雜劇，問甚麼粧孤扮末諸般會，更那堪會跳索撲旗。只得同歡共樂同鴛被，沖州撞府，求衣覓食。〔註5〕

只是原本以為能跟金榜「同歡共樂同鴛被」，現在金榜卻不知去向，令他滿懷思念與憂傷。

【江和水】離了家鄉里，奔路途。不知它在何州住？使我心中添愁悶。悶得我今日成孤另，渡水登山勞頓。未知何日，再與多情歡會？

（白）一似和針吞卻線，刺人腸肚繫人心。〔註6〕

不只是伊人何往的悲傷，一向衣食無愁的官家子弟，如今漂流在外，還得面對嚴峻的生活挑戰。

走南跳北，典了衣服，賣了馬疋。尖擔兒兩頭脫，悶得我孤身三不歸。空滴溜下老大小荷包，猛殺了鐐丁鋥底。（又）【紫花兒序】似這般失業，似這般逐浪隨波，忍冷骹飢。〔註7〕

盤纏用盡，能典能當的衣物、馬匹也都典當了，正在飢寒交迫之際，完顏壽馬終於尋得金榜蹤跡，但分離時日「想村醪易醒愁難醒。暗思昔情人，臨風對月歡娛頻宴飲，轉教我添愁離恨。您今宵裏，孤衾展轉，誰與安存？」〔註8〕思思念念著情人的金榜，乍見完顏壽馬卻是收凝轉嗔，故意不認人，可憐的完顏壽馬先是接受這般打擊，後來金榜父母又以要招個做雜劇的女婿為由，連番考驗完顏壽馬的技藝和誠心表現，好在完顏壽馬是真下過功夫學習院本雜劇，他才能當個「行院人家女婿」。

〔註5〕錢南揚校注：《永樂大典戲文三種校注》，（台北市：華正書局有限公司），1985年3月，頁232。

〔註6〕錢南揚校注：《永樂大典戲文三種校注》，（台北市：華正書局有限公司），1985年3月，頁241。

〔註7〕錢南揚校注：《永樂大典戲文三種校注》，（台北市：華正書局有限公司），1985年3月，頁242。

〔註8〕錢南揚校注：《永樂大典戲文三種校注》，（台北市：華正書局有限公司），1985年3月，頁239。

　　（末白）當初它也曾好來，使了幾錠鈔，又是好人家兒郎。既然胡
　　亂且招它在家，續後又別作道理。延壽馬，我招你自招你，只怕你
　　提不得杖鼓行頭。（生唱）【尾聲】正不過沿村轉莊，撞工耕地。我
　　若得粧旦色如魚似水，背杖鼓有何羞！提行頭怕甚的！〔註9〕

說易行難，完顏壽馬以為他能「粧旦色」、「背杖鼓」行走天涯，但實際執行
時，才更體悟其中的大不易。

　　撞府共衝州，遍走江湖之遊。身為女婿，只得忍恥含羞。〔註10〕

面對岳父的質疑，他也只能說：「奈擔兒難擔生受，更驢兒不肯快走。」完顏
壽馬是不是後悔當初自己的衝動，才落得今日「事到頭如今不自由」的結果？
艱辛低下的江湖行藝生活自是比不是當初錦衣玉食的闊綽歲月，不過縱然如
此，完顏壽馬似乎還是欣慰能與金榜結連理，從他與父親重會的唱詞可看出
他的心境。

　　今日裏，得見你，焚香子父謝神祇。它鄉裏，重會遇，夫妻百歲做
　　于飛（生）【同前】（羽調排歌）那日孩兒，私奔故里，歷盡萬山
　　煙水。途中寂寞痛傷悲，到了東平得見伊。〔註11〕

他歡喜能與父親重遇相認，也鄭重跟父親表明「夫妻百歲做于飛」的心願，
可見完顏壽馬最終能接受自己所選擇的生活。

　　由《宦門子弟錯立身》此劇可得知戲曲表演的魅力之大，足以讓高階級
的官宦之後，受美麗小旦牽引而選擇放棄優渥舒適的生活與名貴身份，並走
上演藝之路。

〔註9〕　錢南揚校注：《永樂大典戲文三種校注》，（台北市：華正書局有限公司），1985
　　　　　年3月，頁245。
〔註10〕　錢南揚校注：《永樂大典戲文三種校注》，（台北市：華正書局有限公司），1985
　　　　　年3月，頁252。
〔註11〕　錢南揚校注：《永樂大典戲文三種校注》，（台北市：華正書局有限公司），1985
　　　　　年3月，頁254～255。

附錄五：幾則古籍中關於表演魅惑人心之實例

譚達先《中國民間戲劇研究》耙梳出幾則古籍中關於表演魅惑人心之實例：

> 朱熹的得意門生陳淳，曾寫「上傅寺丞論淫戲書」：某竊以此邦陋俗，當秋收之後，優人互湊諸鄉保作淫戲，號曰「乞冬」。群不逞少年，遂結集浮浪無賴數十輩，共相率唱，號曰「戲頭」。逐家哀斂錢物，豢優人作戲，或弄傀儡，築棚於居民叢萃之地，四通八達之部，以廣觀者。至市塵近地，四門之外，亦爭為之，不顧忌。今秋自七八月以來，鄉下諸村，正當其時，此風在滋熾，其名若曰「戲樂」。[註12]

宋代陳淳曾上書抨擊鄉村優人做戲所造成的不良風氣，陳淳認為不良少年、無賴之輩會在秋收之後「逐家哀斂錢物」，以豢養優人做戲，或演傀儡戲，所演之戲為淫戲，因此他認為此風不可長。強徵錢財以資演戲確實是不對的，村民若不滿此行為，或許不會觀劇以滋長此風氣，但此風會漸長，可見優人的表演確實會吸引觀眾，甚至會迷惑人心，所以陳淳才以「淫戲」抨之。

又如清代浙江紹興的採茶戲：

> 清代紹興師爺傳抄秘本《示諭集錄》中有浙江紹興一帶嚴禁唱「採茶戲」的記錄：為嚴禁演唱採茶，以維風化事……今本縣訪聞梅邑城鎮鄉村，自新正以來，演唱採茶者，迨無虛夜，燈火酒飯，糜費

〔註12〕 譚達先：《中國民間戲劇研究》（臺北市：臺灣商務印書館股份有限公司），1992年12月，頁16～17。

實多。而且引誘良家婦女，黃夜觀看，遊手棍徒，逐隊奔馳，易致
滋奸生事。風化攸關，合亟示禁。爲此示仰縣屬城鄉村鎮名士民人
等知悉：自示之後，即各務本業，勿得仍搭台斂費，演唱採茶；倘
有不遵示禁，許該地方保甲人等，立即指名秉縣，定將爲首演唱，
並縱令子弟歌唱之父兄，一併重杖不貸。各宜凜遵毋違。特示。〔註13〕

　　梅邑城鎮鄉村的採茶戲，經常整夜演出，而且會「引誘良家婦女，黃夜
觀看」，怕造成「滋奸」情事，因此明文嚴禁搭台演出採茶戲，且父兄若縱容
子弟演唱者，一併連坐處分。嚴格的禁令不禁讓人質疑爲何要花費如此大的
氣力去禁止演劇？是不是怕控制不住「滋奸」後果？這也反映出採茶戲的魅
惑力量，足令當政者害怕而「下令爲強」。

　　不只是禁止演戲，連女藝人都不許進城了。

清王朝還有的法令，嚴禁民間戲曲演員進城，如清康熙五十八年（公
元一七一九年）孫丹書的《定例成案合鈔卷二十五〈犯姦〉》中：雖
禁止戲女，今戲女有坐車進城遊唱者，名雖戲女，乃於妓女相同⋯⋯
應禁止進城；如違進城被獲者，照妓女進城例處分。〔註14〕

　　民間戲曲女藝人竟被當成妓女看待，連進城都被不允許，而越是嚴禁越
能顯出女藝人的「能耐」，她們具足可以令人「作奸犯科」的潛能，才會遭此
不平待遇。

〔註13〕 譚達先：《中國民間戲劇研究》（臺北市：臺灣商務印書館股份有限公司），1992
　　　年12月，頁23。

〔註14〕 譚達先：《中國民間戲劇研究》（臺北市：臺灣商務印書館股份有限公司），1992
　　　年12月，頁24。

附錄六：十九世紀末以來戲曲的「淫戲」污名

　　戲曲表演被視為「淫戲」，而屢遭停演的禁令，在十九世紀末以來依舊時有耳聞，如一九八九年七月十九日《台灣日日薪報》第五版所刊登的「禁採茶戲」報導：

> 今有一班無賴子。係出粵人。扮成一丑一旦模樣。在棚歌舞。名曰打採茶。以其歌舞後。旦自執杯奉茶下棚。清客有一二知趣者。近前接飲。或贈之銀圓。或錫之物品。即以銀物編出一歌。無非奉承酬答之詞。一則曰情郎哥。再則曰情郎哥。直俟聞者意亂神迷。手舞足蹈。若視為親我愛我。恨不得傾囊以付。愚孰甚焉。查此陋習惟中壢及一派客人庄最為盛行。近因流入臺北。偶從枋橋經過。亦欲逞其藝術。粧得七嬌八媚。異樣生新。擬在慈惠宮搭棚演唱。先時來觀者。男婦殆數百人。後被街長聞知。恐其敗俗傷風。出為阻擋。遂乃中止。眾皆一哄而散云。〔註15〕

客家三腳採茶戲的〈扛茶〉是極具表演特色的一折，但在一九八九年卻被視為「傷風敗俗」的表演，認為其歌唱、對答內容無非是「情郎哥、情郎哥」，會讓聞者意亂神迷，恨不得傾囊以付。不可否認的，表演者與觀眾這樣直接的交流，易引起「遐想」，所以才遭批評禁止，但從另一方面來看，這也顯示出表演的魅惑能力，足以讓人失去理智，願意贈銀贈物、傾囊相待。

〔註15〕 徐亞湘：《史實與詮釋：日治時期台灣報刊戲曲資料選讀》（宜蘭縣五結鄉：傳統藝術中心），2006 年 12 月，頁 34。

不只採茶戲遭禁，有戲曲活化石之稱的梨園戲亦嚴遭抨擊，連觀者都被視為「戲豬」。《台灣日日新報》1899 年 1 月 21 日第三版第 215 號：

> 天下間令人目不轉睛者。惟此邪色之一途耳。雖兩足佇立。絕無倦怠之勢。唯特風流客受其所迷。即素非醉生夢死者。當此亦誠難為情。如稻津曩從廈島來一班老戲。凡做出風流事。旦丑頗解人願【頤】。以故近日在合興門口般【搬】演。每夜來觀者男女數以千計。惹得一群戲豬如蝶穿花。想將來難免起爭鬥之端。惟然則邪色始可以迷人。終自可以害人。古今來不章章可見乎。願為戲豬者尚其悟之。〔註16〕

當一班來自廈門的由成年演員所組成的「老戲」登台演出，令臺灣觀眾為之驚豔，每夜有數千男女「目不轉睛」看其表演，縱無椅子可坐，也甘之如飴，足見其表演之吸引人，但卻被視為「邪色」，可見抨擊者憂其戲曲魅力會迷惑人心之甚。

又如全國性戲曲劇種——京劇，同樣引起衛道人士的憂心，認為「腳色之擅長，於誨盜誨淫之事蹟為最。」《漢文台灣日日新報》1907 年 1 月 10 日第五版第 2605 號：

> 亙萬古衷九垓。凡我人類所棲息之球面。求其為人類普通性之所酷嗜。而大歡迎者。莫可哀可樂可怨可怒可驚可戀可悲可感之戲若也。戲之威德。可以操縱眾生。而支配人道。常能導人入於他境界。而變換其常觸常受之空氣。當夫觀演時。而此身已非我有矣。度世之不二法門者。其以此乎。以此威德。教主可藉以立法門。政治家可藉以組織政黨。反之。則禍億兆人。而毒千萬載。可不畏哉。前日有謀利的者。<u>往福州聘一三慶班來。又祥陞班繼之。腳色之擅長。於誨盜誨淫之事蹟為最。</u>陳陳相因。遞相為附。<u>觀者多以為英雄風流逸事。直化其身為戲中人。而不自知。</u>臺北之淫風本熾。那堪復以淫戲而鼓吹之。則俗壞淪斁。更不知伊於胡底哉。<u>如十一月廿八夜之演賣胭脂一齣。有某街白髮翁觀之。歸睡後。夢中呼白牡丹者三。</u>以如是之枯楊。尚為之觸動春情如是。況本撒撥青年。懷春少婦者乎。此其尤者也。他若烏龍院梅龍鎮海潮珠關王廟打櫻桃瞎捉

〔註16〕 徐亞湘：《史實與詮釋：日治時期台灣報刊戲曲資料選讀》（宜蘭縣五結鄉：傳統藝術中心），2006 年 12 月，頁 37。

> 姦雙搖會掌鞋店翠屏山及外種種不可勝錄。演得窮形盡相。科諧百
> 出。醜態橫生。活描得一竊玉偷香之韻事於咫尺間。言之穢耳。觀
> 者污目。此等敗風淪俗之淫劇。警官豈無聞見。而使之大書於戲單
> 上曰准演。不亦甚乎。伏望當局者留意檢查。使之演忠臣孝子義士
> 節烈諸佳劇。以薰浸人心。刺激腦筋而使與之俱化。比諸演說教育。
> 其威德何如哉。〔註17〕（底線爲筆者所加）

福州徽班三慶、祥陞的表演，令觀者「直化其身爲戲中人，而不自知」，可見
表演之引人入勝，讓人不自覺地投射情感，誤以爲自己亦是劇中人。尤其還
有一白髮老翁在觀戲後，於睡夢中再三直呼「白牡丹」，投稿人「傷心生」（筆
名）不禁感嘆「以如是之枯楊，尚爲之觸動春情如是，況本撒撥青年，懷春
少婦者乎。」

　　不獨白髮老翁、撒撥青年、懷春少婦會受戲曲表演吸引，連青樓女子都
會愛慕花旦演員。《台灣日日新報》1902 年 2 月 20 日第四版第 1139 號：

> 近日艋舺來有粵戲。內一花旦年纔二八。貌甚都雅。登檯演齣千嬌
> 百媚。聲歌互唱最爲入神。檯下之觀劇者。不少狂蜂醉蝶。意馬心
> 猿。而青樓之鶯鶯燕燕。亦無不目送神馳。流連不已。聞近多五陵
> 年少。爭相纏頭以爲潤身。或投金釧。或贈綢衣。以博歡笑。梨園
> 境色實不減桃洞之春光矣。憶昔劉公銘傳撫臺之日。昇平世道。曾
> 雇福州名優來臺時。有優旦絕稱可人。奈聲價十倍。何艋中諸名妓
> 且有夤夜往就之。至於名優回閩。諸妓難於割愛。遠送於滬尾。遂
> 傳爲青樓佳話矣。〔註18〕

劉銘傳任福建臺灣巡撫期間，曾聘邀福州戲班來台演出，當時便有名妓深夜
探訪福州優旦，甚至在藝人返回福建時，青樓名妓依依難捨，遠送至滬尾（即
淡水）。名妓與名優的往來傳爲美談，十九世紀初依舊有類似的戲碼上演，戲
臺下迷戀花旦者不唯男子，許多青樓女子也是對台上千嬌百媚的花旦「目送
神馳，流連不已。」甚至發生娼妓不顧本業，私逃觀看戲曲演出，造成嫖客
無人款待情景。《台灣日日新報》1909 年 3 月 12 日第四版第 3257 號：

〔註17〕 徐亞湘：《史實與詮釋：日治時期台灣報刊戲曲資料選讀》（宜蘭縣五結鄉：
　　　　傳統藝術中心），2006 年 12 月，頁 88。
〔註18〕 徐亞湘：《史實與詮釋：日治時期台灣報刊戲曲資料選讀》（宜蘭縣五結鄉：
　　　　傳統藝術中心），2006 年 12 月，頁 56。

南座若仙茶園菊部。開演城西。賣笑妓女。不論晝夜。私逃往觀者。
不計其數。如去六日。是夜演殺子報一齣。娼寮女不約而同。私往
觀劇者。約七八十名。故遊客一到。無妓女接納。龜子蒙多少損害。
乃於翌日開臨時會議。據情稟下粗糠崎派出所。請設約束規則。?
阻擋該園。如娼妓不得聽其任意入場觀劇云。〔註19〕

娼妓不顧晝夜，迷戀觀劇，致使龜公請求派出所設下規則，不許娼妓進戲園
觀劇，而北妓莊卻迷戀七子班之有福旦，不僅跟著戲班到處觀演，無暇接客，
甚至以身獻之。《漢文台灣日日新報》1908 年 9 月 13 日第七版第 3113 號：

臺南市寶興七子班之有福旦。年十五六眉清目秀。裝飾上臺。宛然
處女。真個令人魂消。有北妓莊氏卻。來寓下粗糠崎街雪花園。因
該園普度請該班來演劇。卻見□心神若醉。朝朝暮暮。跟該班到處
觀演。無暇接客。後遂託人潛邀有福至園與之歡好。未幾漸為勾欄
所喧播。園主知之徒喚奈何而已。〔註20〕

花旦黃有福之色藝雙全，不僅讓莊卻迷戀，也讓許多男觀眾對其糾纏不休。《漢
文台灣日日新報》1907 年 9 月 28 日第五版第 2822 號：

黃有福。臺南市媽祖港街寶興七子班之旦角也。年已十六七。而色
藝俱佳。愈聳動一班烏皮豚。糾纏不休。不謂同市媽祖宮內戲園潮
班有女老生江溫玉。小生楊阿良。正大花張朝德者。一見之下。皆
恨相見之晚。每日上落臺時。須到寶興館。與有福旦茗談。或尾有
福旦到某地看其戲。或率有福旦入戲園。看自己之戲。聞近日各有
贈于有福旦。江贈以玉環一腳。楊贈以廣東鞋一雙。張贈以金戒指
一束。而有福旦則各贈其小影一枚。噫同藝相妬。未聞同藝相好如
此。謂之以優樂優也宜。〔註21〕

「烏皮豚」所指應是「黑皮豬」、「黑皮」，早期稱「整日浪跡戲場，不務正業，
甚至跟在戲班後面流浪的戲迷叫『黑皮豬』」，或是指專門貼賞金給藝人的戲

〔註19〕 徐亞湘主編：《日治時期台灣報刊戲曲資料檢索光碟》（宜蘭縣五結鄉：傳統
　　　　藝術中心），2004 年 9 月。

〔註20〕 徐亞湘主編：《日治時期台灣報刊戲曲資料檢索光碟》（宜蘭縣五結鄉：傳統
　　　　藝術中心），2004 年 9 月。

〔註21〕 徐亞湘：《史實與詮釋：日治時期台灣報刊戲曲資料選讀》（宜蘭縣五結鄉：
　　　　傳統藝術中心），2006 年 12 月，頁 96。

迷〔註22〕。諸「黑皮」爲有福旦神魂顛倒，連潮州戲班的女老生江溫玉、小生楊阿良、正大花張朝德都被黃有福的藝術給吸引，紛紛相贈玉環、廣東鞋、金戒指。

以上種種報導，皆顯示戲曲之迷人，足以令人廢餐忘寢，傾囊相待，因而被視爲「淫戲」，屢遭禁演。且不只臺灣戲曲如此，大陸也有類似的狀況。傅謹〔註23〕檢視了《中國戲曲志》裡的記載，節錄出幾則相關禁令消息：

> 1910 年，山西太谷縣政府曾經因爲秧歌：「多採淫詞俚曲，傷風敗俗」而下令禁止演唱秧歌。〔註24〕

若單是唱詞荒淫、曲調俚俗，應該不會遭到禁止演出的禁令，想必在表演上有「過火」的表現，才會引起政府單位的重視。像一向被視爲仕紳階級音樂的南管，常以正襟危坐之姿態演唱淫奔豔曲，卻從沒因其「淫詞俚曲」而被抨擊，且還隸屬於仕紳階級，可見唱詞輔以表演才會產生令政府單位驚恐的反應，因而頒佈禁令。

> 1929 年，武漢漢口市政府曾經因花鼓戲和四明文戲「亂色奸聲誨淫誨盜、傷風敗俗流毒社會……淫靡之聲、穢褻之態，不知使幾許青年男女喪失意志」，而頒文禁絕。〔註25〕

一九二九年被禁的花鼓戲和四明文戲就明白標出「淫靡之聲、穢褻之態，不知使幾許青年男女喪失意志」等字眼，讓我們可以更加明白其淫靡曲調與「生動」的表演，讓青年男女深深沈迷。

現今依舊通俗流行的黃梅戲，也在一九三一年因其「詞意淫褻，敗俗傷風」遭到禁演。

> 1931 年安徽省懷寧線長徐夢麟頒文，因黃梅戲「詞意淫褻，敗俗傷風」而一律禁演。〔註26〕

台海兩地不論劇種，多有「淫戲」污名，認爲唱詞淫褻不雅，故而屢屢遭禁。

〔註22〕受訪者：J小生。時間：2008 年 1 月 18 日 13：00～14：00。地點：J小生家客廳。J小生表示，她們都稱呼專門追求小旦、貼賞的爲「黑皮」，沒有加「豬」字。

〔註23〕詳參傅謹：《二十世紀中國戲劇的現代性與本土化》（台北市：國家出版社），2005 年 4 月，頁 249～250。

〔註24〕〈禁止秧歌文〉，《中國戲曲志・山西卷》（北京市：文化藝術出版社），1990 年，頁 679。

〔註25〕傅謹：《二十世紀中國戲劇的現代性與本土化》（台北市：國家出版社），2005 年 4 月，頁 250。

〔註26〕〈懷寧縣政府禁唱黃梅戲訓令〉，《中國戲曲志・安徽卷》（中國 ISBN 中心），1993 年，頁 703。

附錄七：K 小生的故事

　　K 小生的家庭頗具傳奇色彩，入贅黃家的爺爺因跳鍾馗而亡，其另娶的細姨，也就是 K 小生的奶奶，她帶著幾個孩子離開黃家，到某戲院擔任文生腳色。K 小生的爸爸十九歲、姑姑十八歲時，奶奶與一位姨婆在一起，姑姑不願看姨婆臉色，就到某戲班謀生，沒想到一演便轟動；而 K 小生的爸爸跟大媽戀愛，雙方家長都不同意，但因為懷了孩子，所以兩人結婚，可是大媽在生一子後便往生，因此 K 小生的爸爸連續七年都非常喪志，會在姑姑的戲班撒錢給學戲囡仔撿。十四歲的媽媽就是當時的學戲囡仔之一，因為懷了 K 小生的哥哥，兩人因而結婚，媽媽十五歲生下一子，十七歲生下 K 小生，十九歲生下一女，二十歲再產一子。

> 　　K 小生：在我的印象中爸爸都跟女朋友睡，媽媽跟姑姑睡，小時候
> 　　　　　　的印象就是這樣，所以就覺得是理所當然的。
> 　　筆　　者：請問她們是一對嗎？還是只是？
> 　　K 小生：我姑姑跟我媽媽我不知道，不過我爸爸跟他女朋友就是一
> 　　　　　　對。我妹妹跟二哥是給我姑姑認養的。〔註27〕

K 小生以風流聞名歌仔戲界，但在這次受訪中，她只是淡淡訴說過往的一切，不願直接承認跟誰有過情感牽扯，也不願讓她又敬又愛的姑姑蒙受污名。不過訪談結束後從其親密友人 N 小生的口中得知，K 小生的媽媽與姑姑確實是一對，且 K 小生在訪談中所提過的女友人皆曾是她的情人。重新檢視與她的

〔註27〕受訪者：K 小生。時間：2009 年 12 月 24 日 14：45～16：45。地點：K 小生家客廳。備註：K 小生受訪時，其行當為小旦的妹妹也在旁，有時會補充幾句。訪談後半，N 小生和 B 三花也進屋參與討論。

對談，發現凡是 K 小生使用「睡在一起」一詞時，其實是暗示兩人親密的關係，但若挑白問她是否為一對戀人，她便會淡淡否認，因此筆者不能斷言 K 小生姑姑跟她媽媽的關係，只能說她們極有可能是一對戀人。

　　K 小生五歲時，姑姑買下戲班，自己擔任團長與當家小生，K 小生的媽媽為小旦。K 小生六歲登台演彩旦，國一升國二暑假因劇團缺人之故，成績優異又渴望讀書的 K 小生放棄學業，在姑姑的期待下正式成為歌仔戲藝人，三個月後擔任苦旦行當，往後視演出需要，兼演小生、小旦、採花、武生、三八、三花等行當，主要行當為小生、小旦。K 小生二十八歲時姑姑因病過世，她便頂替姑姑的行當，成為當家小生。K 小生十分尊重與眷慕她的姑姑，因為她的父母不是很負責的雙親，典當家產、賭博借錢等荒誕不羈的行為屢屢出現，因此家中重擔都落在姑姑身上，所以 K 小生很愛很愛她的姑姑。可是因為同在戲臺上演出皆受歡迎之故，姑姑對她的情感很矛盾，既希望她成材，又害怕小生風采被奪去，那種矛盾難解的情緒，也讓 K 小生受傷，長期下來她會半無意半故意在戲臺上笑鬧人生。

　　　K 小生：我十九歲時出去演兩年，都沒有薪水可以拿。我妹妹出去，我姑姑就一天五十元給我妹妹，她給我妹妹不給我不好意思，也就一天五十元給我。她出去就有薪水了，我是因為她有薪水我才有薪水。結果到十九歲那年因為買那棟房子，加上辦一個二胎的一百二十萬，三分的利息三萬六，房子是跟農會貸款的，兩百五十萬，就要繳兩萬五，住在那棟房子，有吃沒吃就要繳六萬一，我姑姑說：「K 小生，是妳跟姑姑說要買房子的，妳要負責，姑姑一天薪水算四千給妳，不過妳要負責□□□，算一算十六萬二，我一個月每天都演也只能拿十二萬而已」，「妳跟妳朋友拿啊！」那時朋友若賞金給我，我姑姑心裡很不平衡，我拿給我姑姑，我姑姑會丟掉。

　　　筆　者：當時她是當家小生……

　　　K 小生：對，她會覺得是我搶她的朋友，所以我台上演戲有一點「拉西拉西」（隨便嬉鬧之意），有的人看不習慣都當作我演瘋戲。就是因為那時一直繳貸款，繳到後來我姑姑往生後，那棟房子莫名其妙變成我妹妹跟二哥的，因為他們兩個登

記在我姑姑的名下。〔註28〕

K 小生在舞台上以風流大膽聞名，她曾直接在戲臺上與親妹妹做法式長吻，也會與其他小旦做過火的親密動作，且經常演到後來在就台上玩起來，嬉鬧瘋癲之名因此遠播，而舞台下的她也是以風流花心知名。

K 小生：我十四歲時在□□演，演二十幾天，認識一位很好的朋友，跟我同年次，不過她是九月出生的，她那時候就會到我家走動了。

筆　者：女生嗎？

K 小生：嗯，女生。她有讀書，讀高職，她讀書時就住在我家，她都會跟我睡在一起。不知道的人都以為我跟她在一起，自然而然就習慣我要煮菜煮飯、掃地拖地，她就會幫我的忙。一直我十九歲，也是在舞台上演出，就有一個叫章雲湘〔註29〕的，她出現……那時候章雲湘非常聰明，全家人都是做土木的，一天都是三千，小日都是兩千，每天都可以做，她家整個家族都是這樣。結果那時候她來學戲的第二個月……

筆　者：她是為了要追妳才來學戲嗎？

K 小生：她就是為了要跟我在一起，但是……

筆　者：她是女的？

K 小生：她是女的。

筆　者：是個 T 嗎？

K 小生：不是。

筆　者：是婆。

K 小生：對。結果她在台東時就要跟那個小英〔註30〕吵起來，她覺得小英是跟我在一起的。

筆　者：可是妳們不是？

K 小生：嗯，她就……我說：「妳在做什麼？」她都叫我大姊，她說：

〔註28〕 受訪者：K 小生。時間：2009 年 12 月 24 日 14：45～16：45。地點：K 小生家客廳。備註：K 小生受訪時，其行當為小旦的妹妹也在旁，有時會補充幾句。訪談後半，N 小生和 B 三花也進屋參與討論。

〔註29〕 為保護當事人隱私，章雲湘為化名。

〔註30〕 為保護當事人隱私，小英為化名。

「大姊，我有話想跟妳説。就把我拉到旁邊，哭給我聽，
説：「大姊，其實我爲什麼會演歌仔戲？就是想跟妳睡在一
起，演歌仔戲怎樣……」因爲我們在演歌仔戲嘛，就需要
演員，我就説：「好好好，以後就跟大姊睡。」然後就一間
房間睡三個人，也沒怎樣啊。那時候我十九歲。〔註31〕

爲了戲班經營，爲了留住演員，K 小生以同睡之法安撫章雲湘。這是外界對 K
小生最佩服也最有微詞之處，她有能力同時讓幾個對她甚有情意的女孩子同
住在一個屋簷下，同爲戲班打拚。

〔註31〕 受訪者：K 小生。時間：2009 年 12 月 24 日 14：45～16：45。地點：K 小生
家客廳。備註：K 小生受訪時，其行當爲小旦的妹妹也在旁，有時會補充幾
句。訪談後半，N 小生和 B 三花也進屋參與討論。

附錄八：圓圓的故事

筆者認識圓圓時，就知道她很喜歡 J 小生，J 小生有戲時，她總跟在 J 小生身旁幫忙，筆者一直以爲圓圓是戲迷朋友，不知她也曾演了七年的小生。

筆　者：（驚訝）妳是演小生？（笑）妳是幾歲去學的？

圓　圓：十三歲快十四歲的時候，就跟同學一起去。

筆　者：妳是因爲興趣？

圓　圓：沒有，是因爲欣賞一個偶像，她是小生。

筆　者：那妳怎會想學小生呢？

圓　圓：因爲就是喜歡看小生啊

筆　者：那妳爲什麼不會想學小旦？

圓　圓：因爲小旦很麻煩。

筆　者：那妳就是進去妳所欣賞的小生劇團學戲嗎？

圓　圓：對，就是本身自己的爸爸還有姑姑就是演歌仔戲的，我們自己也有班，只是我沒興趣，從以前就沒興趣，是因爲看到那個小生後，才想要演歌仔戲。

筆　者：所以是國中？

圓　圓：十四歲。

筆　者：然後妳就去她的劇團。

圓　圓：對。

筆　者：學多久？

圓　圓：學了快七年左右吧，二十一歲就開始沒學了。

筆　者：都在她的劇團喔？

圓　　圓：對。

筆　　者：那妳有跟她在一起嗎？

圓　　圓：她有對象了，因為年紀也差很多。〔註32〕

圓圓個性很直率大方，所以筆者也問得直接，因為從 J 小生口中得知，圓圓屬婆，曾短暫跟她所喜愛的 K 小生交往過。

筆　　者：只要是小生妳就比較容易欣賞就對了？

圓　　圓：小生，外型又長得可佳（笑）。

筆　　者：那妳沒有交過男朋友囉？

圓　　圓：我應該說沒有。

筆　　者：應該說？這是什麼意思？

圓　　圓：應該說學歌仔戲時也是有很多人要跟我交往，可是我就是沒那個意願吧。

筆　　者：妳學歌仔戲，演歌仔戲的時候，想跟妳交往的是男生比較多？還是女生？

圓　　圓：男生比較多。

筆　　者：T 跟婆也都有嗎？

圓　　圓：T。

筆　　者：可是妳那時明明是演小生。

圓　　圓：不過台下的我就比較不像那個吧。

筆　　者：比較不像小生？

圓　　圓：對。

筆　　者：可是妳什麼時候確定妳是喜歡女生的啊？

圓　　圓：確定喔？十六歲那年吧。

筆　　者：妳怎麼確定的？

圓　　圓：因為喜歡的人，就喜歡 K 小生啊。

筆　　者：因為喜歡她，所以妳就確定自己喜歡的是女生。

圓　　圓：嗯。

筆　　者：那妳沒去 K 小生的劇團囉？

〔註32〕受訪者：圓圓（即 N 小生）。時間：2009 年 12 月 24 日 13：30～14：40。地點：B 三花車上。備註：B 三花開車送筆者前往屏東訪問 K 小生，圓圓伴隨同行。

圓　圓：出班時曾經幫忙她兩個月，但是一直發現說不適合。就是
　　　　去幫忙，然後發現自己不能接受。

筆　者：那妳有跟她在一起嗎？

圓　圓：（笑）

筆　者：（笑）妳的笑是什麼意思？

圓　圓：這個可以不要回答？（笑）我不敢講。（笑）

B三花：就是有啊，她同時間又有幾個女朋友。

筆　者：她會同時間交很多個喔？

圓　圓：對。

筆　者：她的女朋友不會吵吵鬧鬧嗎？

圓　圓：會啊，但是不會在她的面前，就是會跟她個人。〔註33〕

圓圓在跟K小生分開後，曾到舞廳上班，結識J小生，那時J小生是帶班人，
打扮十分女性化，圓圓只看過J小生的劇照，沒看過她演戲。J小生說：

　　　她曾看過我小生的相片，然後對我這個人的印象就不錯，啊她是我
　　　的小姐啊，然後有一兩次因緣際會我就剛好出去演歌仔戲，那她就
　　　跟出去，跟出去看她又感覺很欣賞我，欣賞起來的時候就開始……
　　　我若演戲她都跟在旁邊幫忙，她這種也不完全算是戲迷，她算是對
　　　我個人的欣賞吧，那因為對我的欣賞，我又踏在那個舞台上，她心
　　　裡就想說我要想要給妳更好看，我做衣服給妳，給妳穿起來很漂亮，
　　　讓人欣賞妳！三分人七分粧嘛！她又做很多戲服啊，她在我的身上
　　　也差不多做了七、八十萬的戲服，跑不掉啦，或許還更多，我不知
　　　啦，七、八個戲籠都是她做的，所以她對我也是有那個心啦，但是
　　　也是對我有那個情，但是我不要啊，我對她沒那個情愫，我把她當
　　　作小妹這樣啊，然後就把那個關係扯開一點點。〔註34〕

圓圓在看過J小生演戲後，更加喜歡J小生，陸陸續續為她花了七、八十萬的
戲服錢。雖然圓圓知道J小生是跟T交往，但她好像依舊將J小生視為「小生」，
總稱呼她為「小哥」，也曾數次因J小生的拒絕而起輕生念頭。因為鬱悶，圓

〔註33〕受訪者：圓圓（即N小生）。時間：2009年12月24日13：30～14：40。地
　　　　點：B三花車上。備註：B三花開車送筆者前往屏東訪問K小生，圓圓伴隨
　　　　同行。

〔註34〕受訪者：J小生。時間：2008年1月20日13：00～14：05。地點：J小生家
　　　　客廳。

圓開始跟 J 小生的姊姊土女傾訴心聲，而土女當時又因發福而由小旦改演小生，不知是否因為土女演小生的緣故，圓圓慢慢喜歡上土女，兩人曾有過短暫的交往。J 小生表示圓圓跟她姊姊的交往是圓圓親口說的：

  J 小生：圓圓跟我說的。

  筆　者：（笑）是圓圓跟妳說的？會不會是要讓妳吃醋？

  J 小生：一半一半，一半是要讓我吃醋，一半是要讓我知道現在我姊有跟她在一起囉。

  筆　者：但是是到怎樣的程度？圓圓講的……

  J 小生：玩親親啊，抱抱啊，剩下的我就不知道了。她跟我說的，說她們都喝醉酒了，我姊跟她就接吻了。

  筆　者：可是圓圓應該是喜歡 T 才對啊？

  J 小生：圓圓是喜歡 T。

  筆　者：那是妳姊有演小生囉？

  J 小生：對啊，因為她變胖後就演小生，而且我姊雖然不像 T，但是她個性就是幽默風趣……〔註35〕

圓圓現在已沒有跟土女在一起，所以不確定兩人是否只是一時的「意亂情迷」，尤其是土女，她對感情非常執著，是因為先生太花心，才結束婚姻關係，跟相識許久的方 T 在一起，圓圓應該算是她不小心的小小出軌吧。

〔註35〕受訪者：J 小生。時間：2009 年 10 月 13 日（三）約 18：00～20：00。地點：台北市八德路四段怡客咖啡。